IRLAND
DIE WELT DER GEISTER

John J. Dunne

Irland
Die Welt der Geister

mit Fotografien
aus dem Simon-Marsden-Archiv

EULEN VERLAG

IRLAND – DIE WELT DER GEISTER

TODESBOTEN

DÄMONISCHE HEIMSUCHUNGEN

INHALT

Einleitung

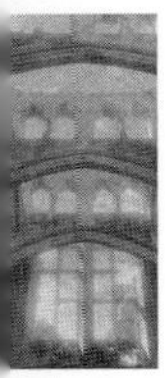

Die Banshee und die „kopflose“ Kutsche; Phantomhunde und furchterregende schwarze Katzen; schattenhafte Gestalten, die durch schummerige Korridore alter Häuser huschen; adlige Damen, die um Mitternacht herrschaftliche Treppenhäuser hinabgleiten; seltsame Todeswarnungen; unerklärliche Geräusche, die im Dunkeln aus geheimnisvoll verwinkelten Schlössern dringen – so sind die Geister Irlands, die einen wesentlichen Teil der Tradition und Atmosphäre des Landes ausmachen.

Von ihnen allen ist die Banshee (gälisch *bean-sidhe,* „feenhafte Frau“) zweifellos die irischste. Im Allgemeinen wird sie als eine kleine, verhutzelte alte Frau beschrieben, die langsam ihr langes Haar kämmt und klagende Schreie ausstößt. Man hielt sie weithin für eine Art Todesbotin, die jenen, die sie hörten, oder deren Verwandten oder Nachbarn das nahe Ableben ankündigte.

Um Näheres über die Banshee zu erfahren, kann man in Halls Buch „Ireland“ von 1840 nachlesen: „Die Banshee ist die wildeste und eindrucksvollste Gestalt des irischen Aberglaubens. Der Geist nimmt die Gestalt einer Frau an. Für gewöhnlich ist sie in leichten, weißen Stoff gekleidet, und ihre Aufgabe auf Erden ist es, die Familie, die sie besucht, vor dem nahen Tod eines ihrer Mitglieder zu warnen. Diese Warnung wird durch ein besonders trauriges Jammern in der Nacht kundgetan. Es handelt sich um ein Geräusch, das dem Seufzen des Windes ähnelt, aber den Klang einer menschlichen

Stimme besitzt und in großer Entfernung deutlich vernehmbar ist. Gelegentlich wird sie sogar gesehen, aber nur das Oberhaupt einer alteingesessenen Familie ist dazu in der Lage. Ihre Familie verlässt sie niemals, nicht einmal in Armut oder Schande."

Zwar ist die „Popularität" der Todesfee in den letzten Jahren zurückgegangen, doch waren die älteren Leute in den ländlichen Gebieten und selbst die Nachkommen der in die Städte abgewanderten Landbevölkerung noch bis vor einigen Jahrzehnten fest in diesem Aberglauben verwurzelt. Tatsächlich waren viele irische Familien stolz, wenn sie auf eine Banshee-Tradition verweisen konnten, da man in ihr einen Beweis für die eigene urirische Herkunft sah. Berichte über das Auftauchen des Geistes wurden aufgezeichnet, und das gerade dann, wenn auf sein Erscheinen ein Sterbefall in der Familie folgte.

Darüber hinaus gibt es weitere traditionelle Todeswarnungen, etwa das unerklärliche dreimalige nächtliche Klopfen an der Tür oder das mysteriöse Herabfallen eines Bildes von der Wand.

Auf dem Land, das mit stattlichen alten Herrenhäusern übersät ist, von denen viele auf eine lange und blutige Geschichte zurückblicken, ist die große Bedeutung von Geistergeschichten nicht überraschend. Viele dieser Häuser haben, vielleicht wegen ihrer isolierten Lage und des häufig heruntergekommenen Zustands, ihre eigenen, ganz besonderen Geistergeschichten, die an den Kaminen wieder und wieder erzählt werden.

Aber auch Dublin, und besonders das georgianische Dublin, ist reich an solchen Legenden. Es gibt Geistergeschichten zu Gebäuden wie dem Iveagh House am St. Stephen's Green (in dem sich heute das Außenministerium befindet), das Shelbourne Hotel, die Stadtbibliothek in der Kevin Street, das Olympia Theatre oder Marsh's Library.

Die hohen georgianischen Häuser an Plätzen wie dem Mountjoy Square, Merrion Square und Fitzwilliam Square, von denen einige auf den Anfang des letzten Jahrhunderts und sogar weiter zurückgehen, stehen ebenfalls mit Geschichten von Übernatürlichem in Verbindung. Eine von ihnen ist in den „Real Ghost Stories" von Major MacGregor enthalten:

„Gegen Ende 1871 fuhr ich nach Irland hinüber, um dort eine Verwandte zu besuchen, die in einem Viertel im Norden Dublins wohnte. Im Januar 1872 wurde der Ehemann meiner Verwandten krank. Ich saß bei ihm einige Nächte zur Wache. Als es ihm besser zu gehen schien, begab ich mich zu Bett und wies den Diener an, mich zu rufen, wenn etwas nicht stimme.

Bald fiel ich in Schlaf. Etwas später wurde ich durch einen Stoß gegen die linke Schulter geweckt. Ich schreckte hoch und fragte: ‚Ist etwas passiert?' Ich bekam keine Antwort, erhielt aber plötzlich einen weiteren Schubser. Ich wurde ärgerlich und sagte: ‚Sagen Sie mir gefälligst, ob etwas nicht stimmt!' Noch immer keine Antwort, und ich hatte das Gefühl, dass ich noch einen weiteren Stoß bekommen würde, als ich mich plötzlich umdrehte und eine warme, fleischige und weiche menschliche Hand zu fassen bekam. Ich sagte: ‚Wer sind sie?', erhielt aber keine Antwort. Daraufhin versuchte ich, die Person an mich heranzuziehen, aber es gelang mir nicht.

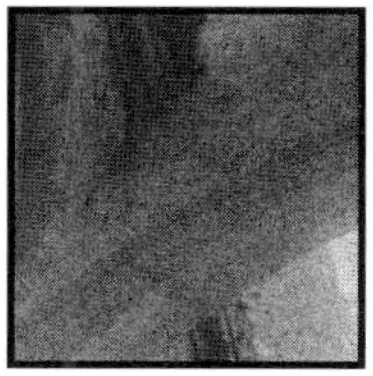   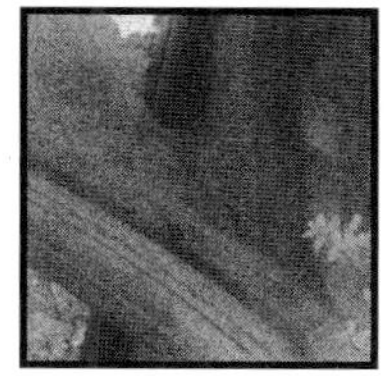

Dann sagte ich: ‚Ich werde schon herausbekommen, wer Sie sind!‘. Und während ich die Hand fest in meiner Rechten hielt, ertastete ich mit meiner Linken das Handgelenk und den Arm, umschlossen, wie mir schien, von einem eng anliegenden Ärmel aus irgendeinem Wintermaterial mit einem Aufschlag aus Leinen. Aber als ich zum Ellbogen kam, hörten alle Spuren eines Armes auf. Ich war so überrascht, dass ich die Hand entgleiten ließ; genau da schlug es zwei Uhr.

Als ich den Vorfall weitererzählte, riefen die Diener aus: ‚Oh, das muss unseres Herrn alte Tante Betty sein; sie lebte viele Jahre lang im oberen Teil des Hauses und starb vor über fünfzig Jahren in hohem Alter.‘ Danach erfuhr ich, dass es in dem Zimmer, in welchem ich die Hand fühlte, spuken solle und dass es dort sehr seltsame Geräusche und merkwürdige Ereignisse gab. So sei einmal das Bettzeug heruntergerissen worden und eine Dame habe eine Ohrfeige von einer unsichtbaren Hand erhalten.“

Der Schauplatz dieser Geschichte war zweifelsohne Mountjoy Square, der einzige wirklich imposante Platz im Norden des Liffey. Nachdem er zwischen dem Ende des 18. und dem Beginn des 19. Jahrhunderts in mehreren Abschnitten gebaut worden war, verlor er bald an Beliebtheit, und aus den meisten der einst stattlichen Häuser wurden Mietwohnungen. In den späten sechziger Jahren des 20. Jahrhunderts wurden einige Häuser zur Erinnerung an ihre glorreiche georgianische Zeit restauriert. An Mountjoy Square grenzt Summerhill, eine ehemals gepflegte Wohnstraße, in der die berühmte Karosseriebauerfamilie Hutton wohnte. Eine Gruppe von Häusern, die diese Familie besaß, bildet den Schauplatz für einige übernatürliche Erscheinungen, die in diesem Buch geschildert werden.

Dublins vornehmster Platz, St. Stephen's Green, besitzt seine eigenen rätselhaften Geschichten. Eine von ihnen bezieht sich auf ein Zimmer des international bekannten Shelbourne Hotels und beschäftigt sich mit dem Geist eines kleinen Mädchens. Vermutlich bewohnte das Kind das erste an diesem Platz stehende Gebäude; die Häuser in unmittelbarer Nachbarschaft wurden später zum heutigen Shelbourne umgebaut.

Dies sind nur einige Beispiele aus einer Unmenge von Geistergeschichten, die man in ganz Irland finden kann, in den hohen, alten Häusern der geschichtsträchtigen Straßen Dublins ebenso wie in den weitläufigen und prachtvollen Herrenhäusern, die halb verloren auf alten, ummauerten Gütern liegen, von denen es noch Hunderte über das Land verstreut gibt, bis in den entlegensten Winkel hinein – in einem Land, das ausgesprochen reich an Überlieferungen ist und zudem von Leidenschaft und Gefühl so stark durchpulst, dass die Schwingungen noch heute zu spüren sind.

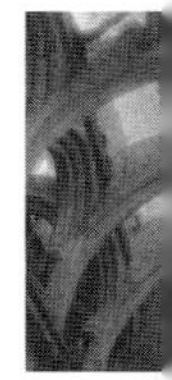

Ewige Liebe

Trauer und Erinnerung

Zur Mitternachtsstunde

Zur Mitternachtsstunde, wenn die Sterne weinen, fliege ich
Zu dem fernen Tal, das wir so liebten, eh' das Leben aus dir wich.
Oft denke ich, kämen die Geister herab aus ihren luftigen Höhen
Zu den früheren Orten der Freude, du würdest wohl dorthin gehen
Und mir gestehen, auch im Himmel erinnerst unsrer Liebe du dich.

Dann singe ich das wilde Lied, das einstmals wir so gerne hörten,
Als unsre Stimmen, mischend sich, das Ohr wie eine einzige
beschwörten.
Und da als Echo mein Gebet durchs Tal nun weithin schallt,
Denk' ich, Geliebte, deine Stimme ists, die aus dem Königreich der
Seelen hallt,
Schwach erwidernd jene Klänge, die uns einst betörten.

Thomas Moore

Die unglückliche Braut von Charles Fort

Manchmal kann man sie im Zwielicht der Dämmerung auf der alten Burgmauer von Charles Fort sehen: eine tragische Gestalt in Weiß, die auf immer dazu verdammt ist, leise an jenem Ort vorüberzuhuschen, an dem ihre kurze Liebe durch eine erschütternde Tragödie ihr Ende fand.

Charles Fort befindet sich ungefähr eineinhalb Meilen außerhalb von Kinsale bei Summer Cove in der Grafschaft Cork. Es handelt sich um eine alte Garnison, die bis zum Abzug der britischen Truppen aus Irland als Kaserne genutzt wurde.

Es kann nicht überraschen, in Kinsale einen Geist zu finden, denn die vom Spuk heimgesuchte Stadt an der Mündung des Flusses Bandon besitzt eine reiche Geschichte und Tradition, die bis auf Edward III. zurückreicht. Die engen Straßen zeugen von der Blütezeit Kinsales, die andauerte, bis ihre Docks für den Bau größerer Schiffe nicht mehr ausreichten.

Übrigens war der Gründer von Pennsylvania in den Vereinigten Staaten, William Penn, ein ehemaliger Angehöriger des Marinegerichtshofs in Kinsale; sein Vater, Admiral Penn, war Gouverneur von Kinsale.

Aus der Vielzahl menschlicher Dramen, die sich im Laufe der langen Geschichte Kinsales ereigneten, ragt die traurige Legende von der Frau in Weiß heraus: Der Vater des Mädchens war Kommandeur der Festung, und das Leben der wohlbehüteten Tochter in der kleinen Stadt am Bandon blieb ereignislos, bis sie eines Tages einen schönen, jungen Offizier traf, der zu Besuch in Kinsale war. Es war Liebe auf den ersten Blick, und sie heirateten.

In der Hochzeitsnacht schlenderte das glückliche Paar verliebt und mit dem Versprechen eines langen gemeinsamen Lebens Arm in Arm über den Wehrgang von Charles Fort. Als sie die Festungsmauer an der Landseite erreichten, hielt die junge Braut plötzlich verzückt inne und deutete auf eine einzelne weiße Rose, die an einem Busch unterhalb der hohen Mauer wuchs.

Ein Soldat, der in der Nähe Wache stand, hörte den Wunsch der jungen Frau und erbot sich hinunterzuklettern, um die Rose zu holen, wenn ihr Angetrauter ihn unterdessen auf seinem Posten vertreten würde. Der Bräutigam willigte ein und nahm die Muskete. Der Soldat kletterte über die Mauer und verschwand. Wache stehend erwartete der frisch Vermählte seine Rückkehr und die Braut freute sich derweil, bald die begehrte Rose in Händen zu halten.

Die Zeit verstrich, aber der Wachsoldat kam nicht zurück. Schließlich schickte der Bräutigam, der vermutete, dass es beim Heraufholen der Rose unerwartete Schwierigkeiten gegeben habe, seine Braut in die Unterkunft zurück. Er selbst wollte noch etwas länger auf dem Posten bleiben. Auf die Muskete gelehnt, döste er nach einer Weile ein. Der Vater des Mädchens – der Festungskommandant – fand ihn bei seinem Kontrollgang kurze Zeit später schlafend vor. Ohne zu erkennen, dass der junge Mann nicht der Wachsoldat, sondern sein Schwiegersohn war, erschoss er den Schlafenden, wie es der strenge Militärkodex jener Tage verlangte.

Als er bemerkte, dass er den Bräutigam seiner Tochter getötet hatte, stürzte er sich aus Verzweiflung die Festungsmauer hinunter.

Einige Zeit später fand das Mädchen den Körper ihres Bräutigams auf dem Wall und bald darauf den ihres Vaters auf den Felsen unterhalb der Mauer. Aus dem idyllischen Glück war eine schlimme Tragödie geworden und die untröstliche Braut sprang ebenfalls in den Tod.

Es heißt, ihre anmutige Erscheinung gehe noch immer um auf der grauen Burgmauer des geschichtsträchtigen Charles Fort bei Kinsale, ein mitleiderregender Geist an einem düsteren Ort des Grauens.

Eine Warnung in Boley

Die Geschichte von dem Geist einer alten, kleinen und hinkenden Frau, der in einem viktorianischen Herrenhaus in der Nähe von Dún Laoghaire die Warnung ausspricht: „Du sollst heute Nacht hier nicht schlafen!", wurde mir von Terry O'Sullivan, einem bekannten Dubliner Kolumnisten, erzählt und durch seine eigenen Erlebnisse in dem Haus überzeugend bestätigt.

Rory O'Connor Park in Kill O' The Grange, Dún Laoghaire, in der Grafschaft Dublin ist heute eine Siedlung von ansehnlichen, modernen Häusern, die auf dem Gelände des nicht besonders vornehmen Herrenhauses Boley errichtet wurden, dem Sitz des später zum Sir geadelten Valentine Grace. Dieser war ein bekannter Schauspieler bei der Abbey Company.

Sir Valentines viktorianischer Landsitz war, wie Terry O'Sullivan selbst sich ausdrückte, streng nach oben, nach unten und zur Seite gebaut:

„Ich mietete den Flügel, was bedeutete, dass der frühere Billardraum mein Salon und Empfangszimmer, Aufenthalts- und Vorratsraum war. Er sah mit seinen zwei Stühlen, einem Sack voll Kohlen und ohne Billardtisch unmöbliert aus. Auf dem Boden gab es keinen Teppich. Draußen im Park stand ein Eukalyptusbaum.

Ich erwähnte gegenüber dem inzwischen verstorbenen Professor J. B. Whelehan, dass ich vorhatte, in Boley zu wohnen. Er lebte damals in einem eher einfachen Herrenhaus aus dem frühen 20. Jahrhundert, der Zeit Edwards VII. Es wurde ‚Stradbrook' genannt und ist heute ein Kloster.

Professor Whelehan riet mir, nicht nach Boley zu gehen. Seine Mieter seien dort eingezogen, wo ich wohnen wollte, im rechten Flügel, und sie hätten das Haus tags darauf fluchtartig wieder verlassen. In der Nacht seien ihre Möbel zerstört worden und man habe unerklärliche Geräusche gehört. ‚Unsinn', dachte ich und zog ein. Nichts geschah – bis zu einer bitterkalten Winternacht.

Es war eine stürmische Nacht, und ich hatte einen Gast, der kein Auto besaß, aber auch nicht zu Hause erwartet wurde. Daher entfachte ich ein prasselndes Feuer, stellte ein bequemes Klappbett vor dem Kamin auf und wünschte ihm eine gute Nacht. Eine halbe Stunde später weckte er mich und sagte: ‚Hier ist etwas Eigenartiges los. An der Tür klopft es, so!' – und er klopfte auf den Tisch, erst dreimal, dann zweimal – ‚aber wenn ich die Tür öffne, ist niemand da.'

So setzte ich mich also zu dem kräftigen Mann aus Kerry, bis der Schlaf, diese stärkste aller Drogen, die unsinnige Nachtwache beendete.

In einer anderen Nacht besuchte mich ein enger Freund aus Tipperary, ein gewisser George Ryan. Er ruderte in einem Vierer, dessen Steuermann ich eine Zeit lang war. Ich erwähne dies, um deutlich zu machen, dass er kein Neurotiker war, sondern ein robuster, durchtrainierter und gesunder Mann. Er hatte natürlich nicht die geringste Ahnung, dass Professor Whelehan mir geraten hatte, dort nicht zu wohnen. Und er wusste auch nichts von dem Klopfen.

Wieder war es eine stürmische Nacht. Wieder gab es kein Auto. Ich stapelte das Feuerholz auf, richtete ein gemütliches Bett, wünschte George Ryan eine gute

Nacht und ging ins Badezimmer, um mir die Zähne zu putzen.

Es klopfte an der Tür. Da stand mein Gast, der mir erklärte: ‚Ich kann heute Nacht hier nicht schlafen. Als ich gerade die Bettdecke hochzog, habe ich deutlich eine Stimme sagen hören: Du sollst heute Nacht hier nicht schlafen!‘ – Daraufhin saß ich die ganze Nacht zusammen mit dem kräftigen Mann.

Mir selbst war bisher nichts zugestoßen. Doch jetzt war es genug, um mich neugierig zu machen, wenn schon nicht nicht zu erschrecken. Ich ging hinüber nach Monkstown, um mich mit dem Pfarrer zu unterhalten. Ihm berichtete ich, was ich Ihnen erzählt habe.

‚Ach ja‘, erwiderte er, ‚wir sind bei verschiedenen Gelegenheiten gebeten worden, das Haus, in dem sie wohnen, zu besuchen und zu segnen. Dort gibt es eine Seele in Not.‘

Aber noch immer ereignete sich in meiner Gegenwart nichts.

So ging ich hinunter zur Schmiede von Kill O' The Grange. Der Schmied beschlug gerade ein Pferd, und ich fragte ihn, ob er jemals etwas Merkwürdiges über Boley gehört habe, dem Haus von Sir Valentine Grace. Ohne seinen Kopf von der Arbeit zu heben – er war gerade dabei, Nägel in einen Huf zu schlagen, der in seiner Armbeuge lag – sagte er: ‚Natürlich. Wir wissen alle, dass dieser Ort heimgesucht wird. Und zwar von Lady Grace. Ihr Geist ist in Schwarz gekleidet, trägt eine Haube und hinkt beim Gehen. Er ist dort schon recht häufig gesehen worden.‘

Ich ging weiter zu einer Gruppe von Bauernhäusern mit Nebengebäuden und umgebauten Ställen. Auch dort sagten mir die älteren Bewohner ungerührt, dass das Haus bekanntermaßen von einer kleinen, hinkenden Frau heimgesucht werde.

Jahre später legte ich Sir Raymond Grace, einem Journalisten der ‚Irish Times‘, bei einem Mittagessen im ‚Shelbourne‘ all diese Puzzleteile vor. Er hörte aufmerksam zu und sagte: ‚Sie haben meine Großmutter beschrieben.‘ Die kleine, schwarz gekleidete Frau mit der Haube hinkte beim Gehen, weil sie eine der vornehmen Damen aus der Zeit von Königin Alexandra war, der Gemahlin König Edwards VII. Alexandra hinkte beim Gehen, weswegen die weiblichen Gäste, die Anfang des Jahrhunderts zu den Soireen in Dublin Castle eingeladen waren, so taten, als hinkten sie ebenfalls.

Mir ist die kleine schwarze Frau allerdings niemals erschienen.

Das Gelände um die Häuser von Boley ist heute neu bebaut, eine merkwürdige Verbindung zu der kleinen Dame in Schwarz aber ist noch geblieben: der Stumpf eines Baumes.

Außerhalb des Hauses, dessen elefantengrauer viktorianischer Anstrich schon abzublättern begann, stand ein prachtvoller Eukalyptusbaum. Dieser Baum überragte die Felder und Gärten, es gab keinen vergleichbaren in der Umgebung. Unter ihm schliefen bei Tage die Babys im Kinderwagen, und bei Nacht klopfte die dunkle Lady an meine Tür und sprach: ‚Du sollst heute Nacht hier nicht schlafen.‘

Ich weiß nicht warum, aber der Stumpf des zwölf Meter hohen Eukalyptusbaums blieb auf der Grünanlage des Dorfes, dem Rory O'Connor Park, erhalten und steht dort wie ein Totempfahl, ohne Zweck und Nutzen.

Die Schmiede von Kill O' The Grange, ein behagliches Haus, das heute von Liam Larkin und seiner Familie bewohnt wird, liegt ebenfalls dort. Und Mrs. Raymond Grace züchtet dort ihre Boxerhunde.

So wäre gewissermaßen über jedermann Rechenschaft abgelegt, bis auf den kleinen Geist mit der Haube und dem Hinkefuß. Hat er kein Zuhause, wo er hingehen könnte?"

Dass wir noch nicht das letzte Wort über das Spukgeschehen in Boley gehört haben, wird durch Ereignisse bestätigt, die erst im Mai 1977 stattfanden. Der Stumpf des Eukalyptusbaums, auf den Terry O'Sullivan Bezug nahm, war das letzte Überbleibsel des alten Herrenhauses der Familie Grace. Er wurde Anfang Mai 1977 herausgerissen, um Parkraum für die Autos zu schaffen.

Einige Wochen danach setzten merkwürdige Ereignisse im Rory O'Connor Park ein: Einige Anwohner hörten in der Ruhe der Nacht Gesang, der für gewöhnlich gegen ein Uhr begann. Zuerst dachte man, es handele sich um einen Streich eines Witzboldes oder um einen Betrunkenen auf dem Heimweg. Aber diese Möglichkeiten wurden ausgeschlossen, als weitere Anlieger die geheimnisvolle Melodie hörten und es ihnen nicht gelang, die Quelle ausfindig zu machen. Auch dass es sich, wie einige behaupteten, um die Eingangszeilen von „Old Man River" und „Danny Boy" handelte, konnte die Herkunft nicht klären.

Fünf Schüler, die in einem Garten zelteten, hörten den Gesang ebenfalls und erschraken. Als das unheimliche Singen weiterhin auftrat und ungeklärt blieb, erinnerte man sich an die alte Legende von Boley. Dem

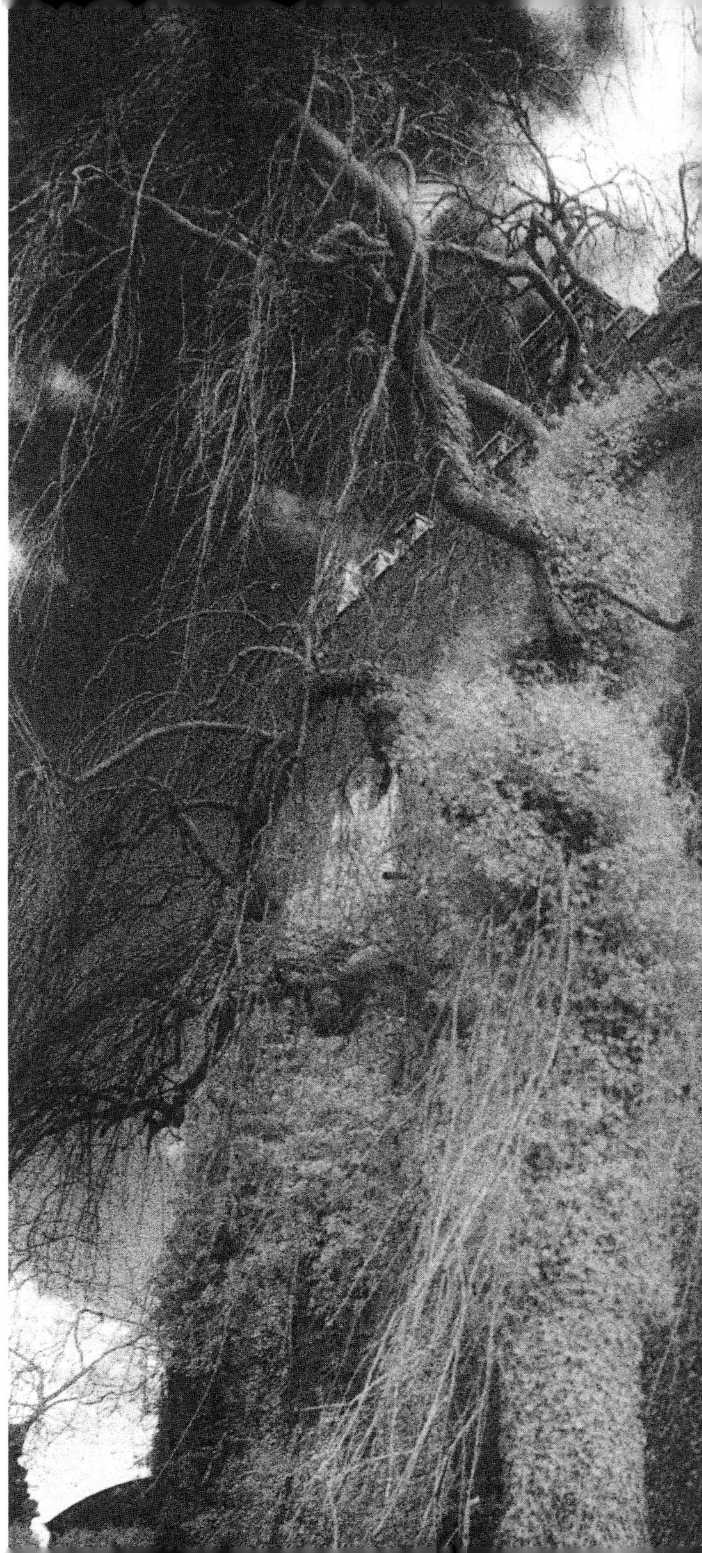

18-jährigen Jimmy Meegan gelang es schließlich, die Geräusche auf eine Kassette aufzunehmen. Man hört eine wimmernde Stimme, die um Hilfe ruft und dann in „Old Man River" einstimmt.

Mrs. Maire Fitzgibbon, deren Haus auf den Park mit dem Eukalyptusbaum schaut, hat seit ihrer Jugend in dieser Gegend gelebt und erinnert sich, Sir Valentine Grace gesehen zu haben, der den Ruf hatte, ein guter Sänger zu sein. Sie behauptet, das Grundstück sei unter der Bedingung verkauft worden, dass die Bäume nicht gefällt würden.

Die Schritte von Foulksrath

Das Geräusch von Schritten, die plötzlich die Stille der Nacht unterbrechen, worauf beinahe unmittelbar das Knarren einer Tür folgt, die geöffnet und dann langsam wieder geschlossen wird – dies ist eines der merkwürdigen Gerüchte, die um Foulksrath Castle ranken. Das robuste, kastellartige Gebäude aus dem 16. Jahrhundert mit seinem hohen, gebietenden Hauptturm liegt acht Meilen von Kilkenny entfernt an der Straße zum Dorf Ballyragget, in dem einst die Großgräfin von Ormonde lebte und von wo aus sie als Anführerin einer eigenen Truppe auszog.

Es gibt keine Erklärung für die geisterhaften Geräusche, die alljährlich in einer bestimmten Nacht Anfang November durch die obere Etage von Foulksrath hallen.

Immerhin liegt die Burg in einer einsamen Gegend des Ormonde-Landes. Der als „Schwarzer Thomas" bekannte Ormonde, ein Generalleutnant der Einheiten von Königin Elizabeth I. in Irland, wurde 1600 in einer spektakulären Aktion von Owen MacRory O'More in Ballyragget gefangen genommen. Und in der Saint Kieran Street im nahegelegenen Kilkenny erinnert das Kyteler's Inn an die Aktivitäten von Alice Kyteler, die 1324 der Hexerei und der Vergiftung ihrer vier Ehemänner bezichtigt wurde.

Foulksrath Castle wurde im frühen 16. Jahrhundert von Hugh Purcell und seiner Familie erbaut, der Strongbows erster Leutnant war und mit einer anderen Legende in Verbindung gebracht wird, die sich um das alte Gebäude rankt. In dem weitläufigen Schlossmassiv gibt es eine kleine Kammer mit einer eigentümlichen romantischen Überlieferung, nach der jedes Mädchen, das die Nacht in ihm verbringt und beim Erwachen am nächsten Morgen den Kuckuck hört, binnen kurzem den richtigen Liebhaber finden und innerhalb eines Jahres verheiratet sein werde.

Hinter dieser Sage verbirgt sich die folgende Geschichte: Hugh Purcell besaß eine attraktive Tochter, die sich in einen Mann aus dem Ort namens O'Brennan verliebte. Dieser wollte sie heiraten, aber er machte sich ihren Vater zum Feind. Purcell ließ daraufhin, wie es die machtbewussten Väter in dieser Zeit zu tun pflegten, seine Tochter gewaltsam in den kleinen, gutbewachten Raum einsperren, um die Ehe zu verhindern.

Bald jedoch kam Hilfe in Gestalt eines Vogels – eines Kuckucks –, der von den beiden jungen Liebenden eingesetzt wurde, um miteinander in Kontakt zu bleiben. Es ist jedoch unklar, wie das geschah, ob dadurch, dass man den Vogel als Briefträger benutzte, oder ob durch den Eingriff einer übernatürlichen Macht, die eine ungewöhnliche Kraft auf ihn ausübte. Wie dem auch sei, die Geschichte findet ein glückliches Ende, denn die Erscheinung des Vogels half dem jungen Mann bei der Rettung von Purcells Tochter, die er später heiratete.

Viele Jahre lang wurde Foulksrath Castle nicht genutzt. Nach 1940 wurde das vernachlässigte Gebäude von der irischen Jugendorganisation *An Oige* erworben und restauriert, wobei man das altehrwürdige Gebäude in eine komfortable Herberge für jugendliche Wanderer umwandelte. 1976 wurde Paula Dunne aus Ratharnham in der Grafschaft Dublin, die zusammen mit ihrem Mann zur Leiterin der Herberge ernannt worden war, von der „Evening Press" an die alten Geschichten um das

Haus erinnert und gefragt, ob sie je die geisterhaften Schritte im oberen Stockwerk des Schlosses und das Geräusch sich öffnender und schließender Türen vernommen habe. „Wir sind seit zwei Jahren hier“, antwortete sie, „und haben den Geist noch nicht gehört.“ Und sie fügte hinzu: „Sonst würde ich heute nicht hier sein.“

Aber der unheimliche Ruf von Foulksrath hält an und verstärkt die Anziehungskraft, die das Schloss auf Hunderte von Urlaubern hat, die es jedes Jahr besuchen ... besonders dann, wenn sie zufälligerweise in einer gewissen Nacht Anfang November ankommen und die obere Etage des alten Bergfrieds nicht so leise ist, wie sie sein könnte.

Der Geist des Dekans

Wenn die Dubliner „Liberties" einen Geist hervorbringen sollten – und es gäbe viele Kandidaten in den vor Menschen wimmelnden Straßen im Schatten von St. Patrick – so wäre es wahrscheinlich der von Jonathan Swift, dem Autor von „Gullivers Reisen" und Glaubenskämpfer hinter der Maske des Tuchhändlers, dem Satiriker, scharfsinnigen Kopf und komischen Kauz. Swift kam eher widerwillig als Dekan nach St. Patrick. Von den Menschen dieses Bezirks zunächst abgewiesen, blieb er dennoch zweiunddreißig Jahre in dem Slumviertel und wurde schließlich von ihnen so sehr verehrt, dass sie den Verstorbenen mit Musik und unter Beifall zum Kirchhof von St. Patrick geleiteten. Swift fasste seinerseits eine tiefe Zuneigung zu den Bewohnern der stinkenden, überfüllten und zerfallenden Häuser im Herzen Dublins.

Es gibt viele Plätze, an denen man den Geist Swifts vermuten kann: Marsh's Library, Newlands House in Clondalkin, wo er zu Besuch war; Glasnevin sowie der Platz, an dem das Haus mit Namen Delville stand, in dem seine Freunde, die Delanys, wohnten. Oder gibt es im Dorf Laracor in der Grafschaft Meath, wo er sich einst im Gemüseanbau versuchte, eine stille Ecke, die Swifts Geist beherbergt? Spricht er immer noch in Celbridge in der Grafschaft Kildare, dem tragischen Schauplatz seiner letzten, schmerzlichen Begegnung mit der gefeierten Vanessa? Oder ist es der Dekan, den man im Phoenix Park in manch mondheller Nacht sieht, an jener Stelle, wo er ehedem während eines Gewitters einen jungen Mann und eine Frau unter dem Schutz eines Baumes vermählte?

Es ist vielleicht nicht überraschend, dass der am häufigsten genannte Aufenthaltsort des Geistes von Swift die psychiatrische Klinik St. Patrick ist, welche er in der James's Street gründete, als er sich selbst bereits in jenem dunklen Tunnel befand, der ihn im letzten Jahrzehnt seines Lebens verschlingen sollte.

Sowohl Patienten als auch das Personal wollen ihn in den von der Zeit gezeichneten Gebäuden mit ihren langen Korridoren und alten Zimmern wandeln gesehen haben. In der Tat wurde St. Patrick, die älteste Psychiatrie Irlands und eine der ältesten der Welt, in den letzten Lebensjahren Swifts zu seinem Hauptinteresse. In seinem Testament, das mit der für den „Tuchhändler" so typischen spitzen Feder verfasst wurde, stiftete er die Anstalt mit den Worten, dass keine Stadt ein psychiatrisches Krankenhaus so dringend nötig habe wie Dublin.

Der Wunsch des Dekans erfüllte sich, als St. Patrick 1745 seine Pforten öffnete. Ironischerweise war es dasselbe Jahr, in dem der eingefallene Körper Swifts nachts zu einem stillen Begräbnis im Schatten der mächtigen Kathedrale getragen wurde, die er für immer zu seiner eigenen machen sollte.

Das Mädchen in Weiss in Glencairn

An den Ufern des wunderschönen Flusses Blackwater in der Grafschaft Waterford steht, drei Meilen von Lismore entfernt, die Abtei Glencairn, ein ehemaliges Herrenhaus mit einer eigenen Geistergeschichte.

In der Mitte des 19. Jahrhunderts war Glencairn der Wohnort der Familie Bushe. Als Oberst Bushe, der viele Jahre lang im Ausland gedient hatte, nach Irland zurückkehrte, um sich in dem alten Familiensitz niederzulassen, fand er ihn in einem beunruhigenden Zustand vor.

Es hielt sich das Gerücht, dass Glencairn von Geistern heimgesucht werde, was die Einheimischen derart beunruhigte, dass die Dienerschaft sich weigerte, in dem Haus zu schlafen und sich stattdessen in Nebengebäuden einrichtete.

Trotz der Bitten von Oberst Bushe weigerten sie sich, ins Haus einzuziehen. Da dem Besitzer von Glencairn dieser Zustand einigermaßen unbequem war, begann er, Diener aus anderen Gegenden zu engagieren, die von dem Gerücht unbeeindruckt waren. Doch auch diese drückten bald nach ihrer Ankunft den Wunsch aus, in die Nebengebäude zu ziehen.

Als sie von ihrem Arbeitgeber gedrängt wurden, den Grund ihres Unbehagens im Haus zu nennen, gestanden sie ihm, sie hätten unerklärliche Schritte gehört und seien häufig von Geräuschen wachgehalten worden, die vom Dachboden und aus den Räumen der oberen Etage kämen. Ein Diener behauptete, er habe ein junges, in Weiß gekleidetes Mädchen erblickt, das sofort wieder verschwunden sei.

Oberst Bushe war entschlossen, dem Geheimnis auf den Grund zu gehen, und schickte deshalb nach einem alten Freund, Mr. Seigne, der sich für übernatürliche Erscheinungen interessierte, und bereitete alles für den Aufenthalt seines Gastes vor.

Seigne war noch nicht lange in der Abtei untergebracht, als er und sein Gastgeber eines Nachts von dem Geräusch von Schritten und dem Lärm sich öffnender und schließender Türen aufwachten, der – wie es die Diener behauptet hatten – aus den oberen Stockwerken des Hauses herzukommen schien. Trotz einer intensiven Durchsuchung aller Räume konnten die beiden Männer nichts entdecken, was die Sache erklärt hätte.

Daraufhin fuhr Seigne wieder nach Hause. Da sich die Diener in den Nebengebäuden eingerichtet hatten, schlief Oberst Bushe nun allein im Haus. Eines Nachts wurde er von dem Geräusch von Schritten geweckt. Die Tür zu seinem Schlafzimmer öffnete sich und ein junges Mädchen kam herein und stellte sich vor das Bett. Kurz bevor sie verschwand, bemerkte er, dass sie offensichtlich eine Wunde an der Brust hatte. Dann hörte er Schritte, die nach oben gingen, und das Geräusch sich öffnender und schließender Türen.

Am nächsten Morgen ging Bushe hinauf auf den Dachboden. Obwohl er unverändert schien, entschloss sich der Oberst, eine umfangreiche Suche durchzuführen, denn er fühlte, dass irgendwo in diesem Zimmer das Geheimnis verborgen liegen müsse. Bei der Durchsuchung des Zimmers fand er schließlich eine kleine hölzerne Kiste, in der sich ein verriegelter Metallschrein und ein Stück Pergament befanden. Auf diesem war zu lesen, dass der Schrein das Herz eines jungen Mädchens ent-

halte. Es handele sich um die Tochter eines früheren Besitzers der Abtei, die in Rom gestorben war und gewünscht hatte, ihr Herz solle in Glencairn begraben werden.

Ausgestattet mit diesen Informationen begann Oberst Bushe, in den Familiendokumenten zu suchen. In einigen über fünfzig Jahre alten Aufzeichnungen entdeckte er Näheres über das Mädchen: Sie war anscheinend erkrankt, und man hatte sich entschlossen, sie zur Erholung ins Ausland zu schicken. Sie reiste von einem Ort zum nächsten, aber trotz Sonnenscheins und Luftveränderung wollte sich ihr Zustand nicht bessern. Als sie Rom erreichte, verschlechterte sich ihr Gesundheitszustand nochmals stark, und sie äußerte den Wunsch, nach Glencairn zurückgebracht zu werden, zu jenem alten Haus am Blackwater, das sie so sehr liebte. Man entschloss sich, ihrem Wunsch nachzukommen, doch noch ehe sie zurückfahren konnte, starb sie. Ihr letzter Wunsch war, dass man ihr Herz in Glencairn begraben möge. Bevor sie auf dem Englischen Friedhof in Rom beerdigt wurde, entfernte man es daher aus dem Körper und legte es in eine Schatulle, damit es nach Irland zurückkehren könne.

Oberst Bushe konnte trotz weiterer Nachforschungen keine Erklärung dafür finden, warum die Schatulle nicht vergraben bzw. warum sie in der Dachstube in Glencairn zurückgelassen worden war.

Er schickte nochmals nach Mr. Seigne. Als sein Freund ankam, öffneten sie gemeinsam den Metallschrein und fanden darin ein in gelbe Seide gewickeltes und einbalsamiertes Menschenherz. Sie begruben die tragische Reliquie in einem entfernten Teil des Gartens, ohne den Ort jemandem bekanntzugeben. Von nun an gab es keine weitere Störung in dem alten Landsitz.

Um die Jahrhundertwende wurde Glencairn Abbey mit seinem traurigen Geheimnis aus privatem Besitz an den Zisterzienserorden verkauft.

Die Blaue Frau von Ards

Wenn wir uns mit den Geistern Irlands beschäftigen, begegnen uns nicht wenige Weiße und Graue Frauen. Von der schönen Halbinsel Ards, die in die Sheephaven Bay (in der Nähe von Creeslough, Grafschaft Donegal) ragt, stammt indessen das einzigartige Geheimnis der Blauen Frau. Es war diese großartige Landschaft im Schatten des Muckish Mountain, die sich die Familie Stewart nach reiflicher Überlegung ausgewählt hatte, um auf einem Grundstück, das sie für ihre Dienste von der Krone erhalten hatte, ein Haus zu bauen.

Wahrscheinlich stammt der Geist aus der Zeit der Stewarts, obwohl er sich erst bemerkbar machte, nachdem das Herrenhaus von den Kapuzinern übernommen worden war, die es als Priesterseminar für ihre irischen Novizen nutzten.

Es wird berichtet, die Erscheinung sei von einem Priester am oberen Ende der Eichentreppe des Landhauses gesehen worden, als er gerade dabei war hinaufzusteigen. Die Treppe hatte die Form eines Pferdehufs, das heißt, sie bestand aus zwei Aufgängen, einem auf jeder Seite, die oben auf dem Gang zusammenliefen. Um nun dem Geist, einer schönen, in Blau gekleideten Frau, aus dem Weg zu gehen, wechselte der Priester auf den anderen Treppenflügel. Doch tauchte sie wiederum direkt vor ihm oben auf der Treppe auf. Er wechselte dorthin, wo er ursprünglich hatte hochgehen wollen, doch trat sie ihm erneut entgegen. Nun entschied er sich, an ihr vorbeizugehen.

Jede Nacht konnte man hören, wie die Blaue Frau leise den Korridor hinabging und häufig sah man sie einen der Räume betreten oder verlassen. Schließlich entschieden die Mönche, dass etwas geschehen müsse, wenn sie auch vermutlich die Erscheinung nicht vertreiben wollten. Was sie im Einzelnen taten, ist unklar, aber scheinbar haben sie irgendeine Zeremonie durchgeführt, denn später erschien die Blaue Frau nicht mehr.

Es ist interessant, dass ein Zimmer des Hauses versiegelt und Fenster und Tür verriegelt wurden. Bis 1966, als die neue Kapelle und das Kloster an der Stelle des alten Herrenhauses der Stewarts gebaut wurden, konnte man häufig Leute sehen, die zu dem zugesperrten Fenster hinaufschauten und über die Erscheinung diskutierten. Besucher spekulierten über die Identität der Blauen Frau und den Grund ihres Erscheinens, aber das Rätsel wurde nicht gelöst. Natürlich pflegten die Mönche niemals etwas über die Erscheinungen zu sagen; Fragen neugieriger Besucher wiesen sie lächelnd zurück.

Das alte Haus ist heute verschwunden. Und mit ihm die geheimnisvolle Blaue Frau von Ards.

Die Geister von Rathfarnham

Es überrascht nicht, dass der örtliche Klatsch einem so alten Gebäude wie Schloss Rathfarnham in der Grafschaft Dublin nicht nur einen, sondern gleich mehrere Geister zuschreibt. Es soll ein Spukzimmer und einen Phantomhund geben. Das Pförtnerhäuschen stand lange Zeit im Ruf, dass dort ein Junge umgehe.

Das Schloss liegt an den Ausläufern der Dubliner Berge, am Rand einer ausgedehnten, rauhen Hügellandschaft, die sich über Montpelier hinaus erstreckt, wo die Ruinen des Hell Fire Club stehen. Als weites, sumpfiges Heideland breitet sie sich über den vom Wind umtosten Featherbed Berg und bis hinein nach Wicklow aus.

Rathfarnham ist ein historischer Ort, mit dem sich eine große Zahl von bisweilen stürmischen Ereignissen verbindet. Die ursprünglich an dieser Stelle stehende Burg war Schauplatz von Angriffen und Gegenangriffen verschiedener Kriegsgegner. Ihren Bewohnern bot sie ebenso Schutz, wie die nahen Hügel den Angreifern sicheren Rückzug gewährten.

Die Burg war der Wohnsitz des Viscount Baltinglass, der sie allerdings zusammen mit anderen Gütern verlor, nachdem er als Anführer einer Verschwörung verurteilt worden war. Ein zweites Schloss wurde vom protestantischen Erzbischof von Dublin errichtet; der Bau begann 1583 und wurde im Wesentlichen zwei Jahre später abgeschlossen. In den folgenden Jahrhunderten wurde das Gebäude bedeutend erweitert, besonders nach 1913, als es vom Jesuitenorden gekauft wurde, der es später als Wohnheim und Zentrum für Wochenendkurse nutzte.

Vor einigen Jahren wurde mir während eines Besuchs in Rathfarnham Castle von einem Jesuitenbruder gesagt, es besäße in der Tat ein „Spukzimmer", aber er wollte mir die Wohnung nicht zeigen und gab mir auch keine Erklärung, warum es diesen Ruf hatte.

Doch schon lange bevor die Jesuiten hier einzogen, rankten sich unheimliche Geschichten um das Schloss. Eine handelt von einer Tragödie, die sich in den vierziger Jahren des 19. Jahrhunderts ereignete, ungefähr zu derselben Zeit also, als die merkwürdigen Geschichten um Maynooth College in der Grafschaft Kildare zu zirkulieren begannen.

Der Schauplatz des unglückseligen Vorfalls war der noch heute existierende Teich auf dem Grundstück des Schlosses. Während eines harten Winters war dieser Teich zugefroren und lockte, wie es so geschieht, eine Gruppe wagemutiger Schlittschuhläufer an. Auf dem Höhepunkt ihres Vergnügens kam es zur Tragödie: Das Eis des Teiches brach, und ein Mann, der kurz zuvor mit seinem Hund gekommen war und beim Schlittschuhlaufen teilgenommen hatte, brach durch das Eis und versank im dunklen Wasser.

Unfähig ihrem Begleiter zu helfen, sahen die hilflosen Zuschauer, wie der treue Hund in das Loch im Eis sprang und mutig versuchte, seinen Herrn zu retten. Doch beide ertranken, Mensch wie Hund.

Der Mut des Tieres beeindruckte allerdings so sehr, dass die Bewohner des Ortes später ein Denkmal zur Erinnerung an die Tapferkeit des Hundes errichteten. In den folgenden Jahren verbreitete sich in Rathfarnham der Glaube, dass der Geist des Tieres in der Umgebung des todbringenden Teiches und manchmal auch in anderen Teilen des Schlossgeländes zu sehen sei.

Der Geist des Jungen, der mit Rathfarnham Castle in Verbindung gebracht wird, scheint mit dieser Tragödie nichts zu tun zu haben. Auch hängt sie nicht mit dem Hauptgebäude selbst zusammen, sondern mit einem Torhäuschen an einem der Eingänge zu dem ausgedehnten Grundstück. Man vermutete, dass der Junge in dem kleinen Haus ermordet worden sei.

Die massige, unbeugsame Gestalt von Rathfarnham Castle zeichnet sich noch immer an den Hängen der Dubliner Hügel ab, und seine der Zeit trotzenden Mauern verschweigen noch viele Geheimnisse einer bewegten Vergangenheit.

Wer war Grey Tullough?

Aus der Grafschaft Kilkenny ist die merkwürdige Geschichte von einem grauhaarigen Mann überliefert, der aus dem Nichts auftauchte, niemandem bekannt war, eine Zeit lang blieb und dann ebenso plötzlich und rätselhaft verschwand, wie er gekommen war.

Der Bezirk, in dem die Geschichte spielt, lag abseits, und seine auffälligsten Merkmale waren die Ruinen einer alten Kirche, ein Friedhof und ein alter Turm. Während der Zeit, die der Fremde dort verbrachte, tat er nichts anderes als den Friedhof in Ordnung zu bringen und das Unkraut, die Disteln und das hohe Gras zu schneiden, das die von Flechten überwucherten Grabsteine verdeckt hatte.

Der Fremde, der keine Freunde im Ort hatte, war sehr verschlossen. Er wurde als James Tullough bekannt, obwohl einige ihn auch Grey Tullough, den „grauen" Tullough, nannten. Zuerst schenkten ihm die Leute im Ort wenig Aufmerksamkeit und taten ihn einfach als einen weiteren Reisenden ab. Aber allmählich erkannten sie, dass etwas Besonderes und vielleicht auch Erschreckendes um ihn war. Ein erstes Anzeichen dafür sahen sie darin, dass die Kinder ihm gegenüber Achtung zeigten und es niemals wagten, ihn zur Zielscheibe ihrer Streiche zu machen, wie sie es mit der Kindern eigenen Gedankenlosigkeit sonst gerne mit Reisenden machten, die durch das Dorf kamen.

Eine zeitgenössische Beschreibung, die Hall in seinem Buch „Ireland" von Grey Tullough gibt, schildert, wie er ruhig vorüberging, wenn man ihn auf der Straße traf, „einem Schatten ähnlicher als einem Mann ..., das Haar hing um das lange, schmale Gesicht; eine alte Sense hing über seine Schulter und in seiner Hand hielt er einen kräftigen Eichenknüppel wie einen Speer; er ging weiter, nicht rechts und nicht links schauend, seine Augen auf den Weg vor sich gerichtet. Wenn man ihm freundlich sagte, ‚Gott beschütze Sie', zeigte er keine Reaktion, weder durch Worte noch durch Zeichen, sondern ging einfach weiter und weiter und weiter, als ob er dies in alle Ewigkeit tun würde."

Grey Tullough pflegte von niemandem Geld anzunehmen, und wenn ihm einmal von einem gutherzigen Dorfbewohner etwas angeboten wurde, sagte er: „Kupfer bezahlt Freundschaft, Silber macht Freundschaft, Gold zerstört Freundschaft." Aber die Anlässe, bei denen er zu anderen sprach, waren selten.

Kurz bevor er verschwand, verbrachte der alte Mann die ganze Nacht damit, mit seiner Sense das Unkraut auf dem Friedhof zu mähen. Am nächsten Morgen brachte ein älteres, in der Nähe wohnendes Ehepaar Grey Tullough aus Mitleid darüber, dass er die Stunden der Dunkelheit in der schaurigen Umgebung des Friedhofs, zumal in einer Mittsommernacht, verbracht hatte, in ihre Hütte. Während er sich langsam setzte, starrte er geradeaus, als ob er auf etwas in weiter Entfernung blickte. Er sprach kein Wort, bis der Herr des Hauses zu seiner Frau sagte, der alte Mann habe vielleicht in der Nacht auf dem Friedhof etwas gesehen. Daraufhin sagte Tullough: „Ich sehe niemals etwas Schlimmeres als mich selbst."

Bald darauf stand er laut seufzend auf, ohne dass er auch nur einen Bissen von dem Essen genommen hatte, das ihm serviert worden war, bahnte sich seinen Weg

zum Friedhof und stand im Schatten des alten Turms. Von diesem Verhalten irritiert und in dem Glauben, sie könnte ihn doch überreden, ein wenig zu essen, ging die Frau kurze Zeit später hinaus, um Tullough zurückzurufen. Zu ihrer und ihres Mannes Überraschung fand sich aber nirgendwo eine Spur von ihm.

Der seltsame alte Mann wurde in dem kleinen Dorf der Grafschaft Kilkenny nie mehr gesehen. Gras und Unkraut wuchsen wieder ungehindert um die dunklen, verwitterten Grabsteine und der düstere Turm behielt das Geheimnis von Grey Tullough auf immer für sich.

Der Fluch der Peitsche

Diese Geschichte handelt von einer ungeheuerlichen Rache, die eine Frau an ihrer Schwester nimmt, von enttäuschter Liebe und glühendem Hass, von einer mit Juwelen besetzten Reitpeitsche aus Russland, einem Fluch und einer makaberen Täuschung. Sie spielt an einem entlegenen Ort in der Grafschaft Tipperary, wo einst ein stolzes Landhaus stand.

Das Haus, in Ballymacorthy nahe dem Dorf Clogheen und dem berühmten Vee Pass gelegen, wurde Shallardstown genannt und zu Beginn des 19. Jahrhunderts von Cadogan Parrott erbaut, der nach seiner Heirat mit Angelica Gammage, einem Mädchen aus dem Ort, darin einzog. Das Ehepaar hatte zwei Töchter, die ältere hieß nach der Mutter Angelica, die jüngere Rosaleen.

Bald jedoch kam Leid über Shallardstown: Die Mutter beging Selbstmord und kurz darauf starb ihr Ehemann. Angelica blieb als Herrin des Hauses zurück.

Als sie sich nach einem passenden Ehemann umsah, verliebte sie sich in einen Mann aus dem Ort, einen gewissen Dagan Ferritter. Aber die Heiratspläne schlugen fehl, als Ferritter von ihrer jüngeren Schwester umgarnt wurde und sie schließlich 1837 heirateten. Mit einer kleinen Unterstützung von Angelica reiste das junge Ehepaar auf den Kontinent, wo es sich entschloss, eine Weile zu bleiben. Im folgenden Jahr ging Angelica nach London.

Dort traf Angelica Parrott einen jungen Diplomaten und verliebte sich in ihn. Es handelte sich um den russischen Prinzen Nicholas Orloff, der als Attaché in der Botschaft seines Landes tätig war. Bald schon heirateten sie. Der Prinz und seine Braut fuhren in den Flitterwochen für kurze Zeit nach St. Petersburg. Als sie auf der Rückfahrt gerade in Paris waren, zog sich Prinz Orloff eine fieberhafte Erkältung zu und starb daran.

Angelica Parrott reiste nach Irland zurück. Nach ihrer Ankunft in Shallardstown entließ sie die komplette Dienerschaft mit Ausnahme eines Butlers namens Creed, der im nahegelegenen Clogheen auch die Einkäufe erledigte. Sie selbst verließ das Haus nicht und empfing keinen Besuch.

Auch ihre Schwester Rosaleen und ihr Ehemann kehrten nach Ballymacorthy zurück, aber Angelica oder Prinzessin Orloff, wie sie sich jetzt nennen durfte, weigerte sich, sie aufzunehmen. So lebten sie in einer kleinen Hütte und konnten von der miserablen Unterstützung, die sie von Shallardstown erhielten, kaum existieren. Ungeduldig warteten sie auf den Tag, an dem Angelica sterben und Rosaleen in den Besitz des Familienwohnsitzes gelangen würde.

Ungefähr zu dieser Zeit begann Prinzessin Orloff damit, sich in ihrem Landauer herumfahren zu lassen. Die Karosse tauchte jeden Tag um Punkt drei Uhr nachmittags am Tor von Shallardstown auf; Butler Creed war der Kutscher und Angelica saß hinter ihm. In ihrer Hand, über die ein Handschuh gezogen war, trug sie stets zur Erinnerung an ihre kurzen Flitterwochen in St. Petersburg eine mit Juwelen reich besetzte Reitpeitsche, die sie aus Russland mitgebracht hatte. Der Landauer fuhr in der Landschaft umher und kehrte Punkt vier Uhr nach Shallardstown zurück.

Diese merkwürdige Gewohnheit dauerte mehrere Jahre, in denen Prinzessin Orloff niemals von ihrer täglichen Gewohnheit abwich. Derweil verschlechterten sich die ärmlichen Lebensbedingungen ihrer Schwester Rosaleen und ihres Ehemanns, der einst Angelica verschmäht hatte, zunehmend.

Die Angelegenheit kam zu einem überraschenden Höhepunkt, als Leute aus dem Dorf begannen, Dagan Ferritter lächerlich zu machen, weil er nicht den Mut habe, der Herrin von Shallardstown gegenüberzutreten und das rechtmäßige Erbe seiner Frau einzufordern. Zum Handeln angestachelt und von einigen seiner Freunde begleitet ging Rosaleens Mann zu dem Haus und verlangte, die Prinzessin zu sehen.

Derart unter Druck gesetzt, erzählte Creed eine grausige Geschichte: Angelica sei seit mehr als elf Jahren tot. Auf ihre strikte Anweisung hin habe er ihren Körper tagtäglich mit der mit Juwelen besetzten Reitpeitsche in der Hand in den Landauer gesetzt und sei genau eine Stunde durch den Bezirk gefahren. Diese verrückte Geschichte wurde durch einen von der Prinzessin hinterlassenen Brief bestätigt. Er war das Zeugnis einer wohldurchdachten Rache und der entschlossene Versuch der verschmähten Frau, Rosaleen und Dagan auf betrügerische Weise noch lange nach ihrem Tod von Shallardstown fernzuhalten. Der Brief enthielt auch die Anweisung, dass ihre juwelenbesetzte Peitsche mit einem Fluch gegen jeden, der sie berühre, in einer Vitrine in der Eingangshalle von Shallardstown aufbewahrt werden solle.

Rosaleen und Dagan zogen in das große Haus ein, aber das Schicksal ließ sie seine Annehmlichkeiten nicht lange genießen. Binnen eines Jahres waren beide gestorben. Orloffs Peitsche wurde in der Halle ausgestellt, so wie es die Besitzerin gewünscht hatte.

Shallardstown ging in die Hände eines Cousins über. Später, 1896, wurde es von einem Orden erstanden und zu einem Novizenhaus umgebaut. In den folgenden Jahren begannen seltsame Gerüchte über das Haus zu kursieren. Es gab immer wieder Berichte über eine umrisslose Gestalt, die vor der Vitrine, in der sich Orloffs Reitpeitsche befand, gesehen wurde und über das Geräusch einer abfahrenden Kutsche, das draußen in der Einfahrt gehört worden sei.

Es kann nicht verwundern, dass das Haus bald wieder leer stand. Sein Verwalter behauptete, später mindestens zweimal auf der Treppe eine Geistergestalt gesehen zu haben. Auch habe er häufig den Deckel der Vitrine in der Halle offen vorgefunden – vornehmlich gegen vier Uhr nachmittags.

Der Geist von Killyleagh

Wer ist die anmutige Frau, die schweigsam durch die alte Eingangshalle von Killyleagh Castle gleitet, das an der geschichtsträchtigen Küste von Strangford Lough liegt? In der Gegend wird vermutet, es handele sich um den Geist von Anne, der ersten Gräfin von Clanbrassil, die ihr Haus mutig und mit einem beachtlichen Durchhaltewillen gegen Cromwell verteidigte.

Das ursprüngliche Schloss wurde von John De Courcy, dem Anführer der Anglonormannen, erbaut. Bei einem gründlichen Umbau blieben 1850 allerdings nur zwei der alten Türme erhalten. Offensichtlich aber ließ sich der Geist jener Frau, die das Haus einst geliebt hatte, auch durch die Veränderungen nicht vertreiben.

Im Kampf gegen Cromwell und für die Sache Karls I. hatte Annes Ehemann Clanbrassil versucht, Carrickfergus zu befreien. Doch er wurde in die Flucht geschlagen. Als die Nachricht davon seine Frau in Killyleagh erreichte, rief sie sofort alle Dorfbewohner zusammen, brachte sie in das Schloss und machte es so zu einer starken Festung.

Die Belagerung, die nun begann, gereichte der bemerkenswerten und mutigen Frau zu dauerhafter Ehre: Trotz heftiger Angriffe der Armee des englischen Parlaments, die unter der Führung des gefürchteten Generals Monck stand, hielt die behelfsmäßig aufgestellte Garnison der Gräfin stand. Die Dorfbewohner im Schloss kapitulierten nicht, sondern ließen sich von der Entschlossenheit ihrer Anführerin anstiften. Das Patt wurde erst durch einen Waffenstillstand beendet, um den die Gräfin ersucht hatte.

Charme und Stärke dieser ersten Gräfin von Clanbrassil zeigen sich nicht zuletzt darin, dass es ihr gelang, Cromwell nicht nur dazu zu bewegen, die ihr auferlegte Geldstrafe von zehntausend Pfund zu halbieren, sondern auch eine Begnadigung für ihren Mann zu bewilligen.

Das Lough, auf das das alte Gebäude hinabschaut, hat ebenfalls eine unruhige Vergangenheit. Während die Iren es Loch Cuan, „Hafensee", nannten, gaben die Normannen ihm den Namen „Strang Fiord", „gefährlicher Meeresarm".

Es kann gut sein, dass der Geist Annes in dunklen Winternächten, wenn das Wasser des „gefährlichen Meeresarms" widerspenstig und rastlos ist, mit den Schatten in dem alten Gebäude spielt, das sie so tapfer verteidigte. Und vielleicht schließen sich ihr dann andere Geister aus anderen Tagen der Vergangenheit Killyleaghs an.

Der Geist von Loftus Hall

Nur wenige irische Grafschaften sind reicher an Überlieferung als Wexford, und nur in wenigen Teilen dieser Grafschaft ist der Widerhall der Vergangenheit lauter als an ihrer langgezogenen südöstlichen Grenze, die von der Halbinsel Hook gebildet wird. Hier spielt die Geschichte von dem schönen Mädchen, welches das als Loftus Hall bekannte Herrenhaus heimsuchen soll – eine der am meisten erzählten Legenden überhaupt.

Auf dem letzten Stück der Straße zum Fischerdorf Slade, dort, wo der Leuchtturm von Hook auf einem Vorsprung Wache hält und der Weg gerade und schmal ist, befindet sich rechter Hand Loftus Hall.

Loftus Hall, ein beeindruckender und ruhiger Ort, beherbergt heute eine Gemeinschaft von Nonnen. Erbaut wurde das Haus in weniger ruhigen Tagen, und zumindest eine der früheren Bewohnerinnen machte in ihm nicht wenige Sorgen und Enttäuschungen durch. Von ihrem Geist hieß es, dass er, bis der Gemeindepfarrer ihn schließlich ausgetrieben habe, still durch die alten Räume geglitten sei, die Zeuge ihres Unglücks gewesen waren.

An einer Stelle errichtet, wo einst eine Festung aus der Cromwell-Zeit stand, kam das Herrenhaus später in die Hände von Charles Tottenham, einem Mitglied des irischen Parlaments. So wie Tottenham sich in Dublin den parlamentarischen Pflichten widmete, so kam er zu Hause in Wexford seiner Rolle als Gastgeber des herrlichen alten Herrenhauses nach. Als geselliger Mann liebte er es, Feste zu geben, bei denen sich das Haus mit Freunden und Nachbarn füllte.

An einem dieser Treffen nahm ein sehr ansehnlicher junger Mann teil. Noch vor Ende des Abends war er zu der Feststellung gelangt, dass das Haus neben Tottenhams guten Weinen und der witzigen Konversation seiner Gäste eine weitere Attraktion besaß: dessen Tochter, in die er sich auf der Stelle verliebte.

Zwischen beiden begann eine Affäre, die Tottenham jedoch nicht billigen wollte. Als sich eine Hochzeit ankündigte, verweigerte er ihr ohne zu zögern – und trotz aller Bitten seiner verzweifelten Tochter – die Zustimmung.

Tottenham verbannte den Möchtegernfreier von Loftus Hall. Die junge Frau, die sich nach ihrem Liebhaber sehnte, wurde schwermütig und eigenbrötlerisch. Nachdem es offensichtlich geworden war, dass ihr Vater sich nicht würde erweichen lassen, wuchs ihre Niedergeschlagenheit und ihre Gesundheit litt zusehends. Sie starb, noch ehe ihr Vater sich darüber klar wurde, was er angerichtet hatte.

Nicht lange, nachdem sie beerdigt worden war, verbreiteten sich Gerüchte im Bezirk, dass ihr Geist in Loftus Hall erscheine: eine schlanke, schöne Gestalt in einem weißen Kleid, die leise und anmutig durch die alten Räume wandele. Die Meldungen über die Erscheinung dauerten geraume Zeit an, bis schließlich der Pfarrer gebeten wurde, den Geist auszutreiben, was ihm offensichtlich mit Erfolg gelang.

Eine andere Legende betrifft den Tower of Hook und erzählt wiederum von einem Verhängnis, das eine Familie traf. Die Erzählung wurde Mitte des 19. Jahrhunderts von Mr. und Mrs. Hall aufgezeichnet und fand einen Platz in ihrem dreibändigen Werk „Ireland“:

„Tintern Abbey, einige Meilen südwestlich von Clonmines, wurde ursprünglich von William, Grafmarschall von England und Graf von Pembroke, gegründet, der Lady Isabella de Clare heiratete und in deren Namen Anspruch auf die Lordschaft von Leinster erhob.

Als der Graf einmal in große Seenot geriet, legte er ein Gelübde ab: sollte er dem Tod entkommen, werde er dort, wo er lande, eine Abtei gründen. Sein Segelschiff fand in der Bannow Bay Schutz, und er erfüllte sein Gelübde auf das Gewissenhafteste und ließ die Abtei bauen. Er widmete sie der Jungfrau Maria und siedelte Zisterziensermönche an, die aus Tintern in Monmouthshire kamen, einem Kloster, das seine Gründung dem Haus De Clare verdankte.

Nach der staatlichen Klosterauflösung wurden von Königin Elizabeth I. die Gebäude mit allem Inventar Sir Anthony Colclough, dem Anführer einer Gruppe von Pensionären, gegen Zahlung einer jährlichen Rente von sechsundzwanzig Shilling und vier Pence irischer Währung als Aufenthaltsort zugesprochen.

Die Cocloughs gehören zu den Familien, die unter einem ‚Fluch von Feuer und Wasser' stehen. Dieser ist einigen Geschlechtern in England und Irland gemein, die ehemaligen Kirchenbesitz ihr eigen nennen. Bei den Bauern in der Nachbarschaft kursierten Gerüchte, die den bösen Einfluß entweder dieser Tatsache oder aber dem Umstand zuschreiben, dass Sir Anthony alle Mönche ermordet habe, die er bei der Übernahme des Hauses vorfand. Zumeist wird er allerdings darauf zurückgeführt, dass eine alte Rundfestung, von der man erzählt, dass sie häufig von Feen aufgesucht wurde, von Sir Caesar Colclough dem Erdboden gleichgemacht worden sei.

Von diesem Herrn erzählt man die folgende Geschichte: Er war mit der liebreizenden Erbin von Redmond und mithin des Tower of Hook verlobt. Als er in einer noch zu berichtenden Angelegenheit nach England übersetzte, versprach sie ihm, in ihrer Kammer eine Kerze zu entzünden, um ihn bei seiner Heimkehr zu leiten. Colclough hatte gegenüber König William mit den Erfolgen der Hurlingspieler von Wexford geprahlt. Daraufhin forderte ihn der König auf, einundzwanzig Mann aus seiner Grafschaft herüberzubringen, die gegen die berühmten Hurlingspieler von Cornwall einen Wettkampf austragen sollten.

Sir Caesar veranstaltete ein großes Turnier dieses Schlagballspiels in Tintern Abbey, wählte die besten Spieler aus und nahm sie mit zum englischen Hof. Der König und die Königin sowie eine große Zahl von Adeligen wohnten dem Spiel bei. Zu Ehren von William wurden den Iren gelbe Schärpen oder Tücher um die Taille gebunden, weshalb die Männer von Wexford noch immer häufig ‚Gelbbäuche' genannt werden.

Natürlich gewannen die Iren. Als Colclough im Triumph zurückkehrte, hielt er Ausschau nach dem Tower of Hook. Hier mischten sich die erzürnten Feen ein: Sie schläferten mit ihrer Musik die Dame seines Herzens ein und löschten das ständig brennende Licht. Ihr Liebhaber erlitt Schiffbruch und sein toter Körper wurde an Land geschwemmt. Um das Leben zukünftiger Seeleute zu retten, machte die untröstliche junge Erbin aus dem Turm ihres Vaters einen Leuchtturm, was er noch heute ist.

Es existiert noch eine weitere Legende, die glaubhafter, aber nicht weniger romantisch ist. Ihr zufolge war

der erste Colclough Sekretär eines Edelmannes, der eine königliche Zuwendung erhalten sollte. Dieser sandte seinen Sekretär an den Hof Elizabeths, um sich die Zuwendung schriftlich bestätigen zu lassen. Die Erscheinung und Gewandtheit Colcloughs nahmen die jungfräuliche Königin so sehr für ihn ein, dass sie ihm die Güter überschrieb, wie er bei seiner Rückkehr nach Irland anhand der Urkunde feststellen sollte."

Wexfords geschichtsträchtige Halbinsel Hook bewahrt also die Tragödien zweier Frauen: die der Edelfrau vom Leuchtturm, deren Liebhaber wegen eines Fluchs der Feen sein Leben lassen mußte und die des Mädchens von Loftus Hall, das ihr Leben durch die Unnachgiebigkeit ihres Vaters verlor.

Die Liebenden vom Dargle-Tal

Jedes Jahr in der Mittsommernacht soll der Geist eines wunderschönen Mädchens auf der Suche nach ihrem jungen Liebhaber in der Grafschaft Wicklow zu sehen sein. Dies ist eine der vielen Romanzen, die mit dem kleinen Tal des Dargle in der Nähe von Bray in Verbindung gebracht werden und in deren Zentrum der mächtige Felsen steht, der die Schlucht überragt und unter dem Namen „Lovers Leap" bekannt ist:

Eine junge, aus dieser Gegend stammende Frau war ihrem Freund untreu und wandte sich einem anderen Mann zu, der ihr schneidig und galant den Hof machte. Sie sang ein altes Lied, um ihm zu gefallen, und als sie dabei zwischen den Versen innehielt, hörte sie von der entfernten Kirche das Läuten der Totenglocke. Von Furcht gepackt, fragte die junge Frau nach dem Grund und erfuhr, dass ihr früherer Geliebter von der Untreue seiner Angebeteten zutiefst getroffen und an gebrochenem Herzen gestorben war.

Von Gewissensbissen überwältigt, verließ die Frau ihren neuen Verehrer und eilte zum Friedhof, auf dem ihr Freund soeben beerdigt worden war. Die ganze Nacht über blieb sie an seinem Grab. Auch Schnee und Regen konnten sie nicht abhalten; sie kam jeden Abend wieder dorthin. Obwohl ihre besorgte Familie versuchte, sie davon abzubringen, setzte sie ihre einsamen Nachtwachen fort und kehrte erst im Morgengrauen zurück. Gleichgültig gegenüber den Bitten jener, die sie liebten, wie auch gegenüber dem Flehen ihres neuen Verehrers, war sie offensichtlich entschlossen, für jenen zu sterben, der für sie gestorben war.

Schließlich erlitt die junge Frau einen Nervenzusammenbruch. Ihrer verzweifelten Schwester erzählte sie, ihr Liebhaber sei aus dem Grab auferstanden und mit ihr durch das Dargle-Tal gegangen und habe ihr versprochen, sie zu einem Ort mitzunehmen, an dem sie für immer zusammen sein würden. Die aufgeschreckte Familie versuchte, sie im Hause festzuhalten, aber dem Mädchen gelang es, sich davonzuschleichen. Ihre Abwesenheit wurde nach wenigen Minuten entdeckt. Sofort eilte der Bruder zum Friedhof, denn er war sicher, dass seine Schwester dort sein würde.

Doch er kam zu spät. Von ferne sah er ihr Halstuch, das im Winde wehte, während sie auf den Fluß zulief. Als er verzweifelt versuchte, sie einzuholen, sah er, wie sie den mächtigen Felsen hinaufkletterte, der den Dargle überragte, eine kurze Pause an dem tückischen Abhang einlegte und sich dann in den aufgewühlten Fluß hinabstürzte. Ganz offensichtlich war die Verwirrte von der Erscheinung ihres Geliebten zum Selbstmord verführt worden.

Es wird behauptet, dass der Geist des unglücklichen Mädchens jedes Jahr am Abend der Mittsommernacht die Landspitze über dem Fluss heimsucht, manchmal in Gestalt einer Taube, die „wie ein silberner Stern durch die Nacht treibt", manchmal in Gestalt eines weißen Rehkitzes, das vorbeihuscht und in den Schatten der Wälder verschwindet.

Unvollendete Geschäfte

Wohltäter und Übeltäter

Die Höhlen von Mitchelstown

Grimmig drohte er, da schaudernd unser Blick
Den dunklen Schoß der Höhle, weitberühmt, gesehen
Und hinein wir in die finstre Gruft des Schweigens
gehen.
Den hellen Tag, die heit're Welt, wir ließen sie zurück.

Doch welch ein strahlend' Wunder nahm uns in
Empfang!
Kristallen war der Schacht, der Dom verhängt von
Spatgestein,
Funkelnde Schäfte stützten das unterirdische Heim.
Aus schlichtem Laut ward im Gewölb' Gesang.

Ein Symbol gewiss, so fiel mir ein,
Des furchtlosen Todes, den die Heiligen sterben.
Zu Anfang ernst, das Aug' versehrend,
Doch jenseits des Tores der Dunkelheit und Pein –
Welch Seligkeit sie da erwerben!
Welch Glanz und Reichtum immerwährend!

Gerald Griffin

Der Geist in Marsh's Library

In der Nähe von Patrick Street Corner ragt die Turmspitze der St. Patrick Cathedral hoch über den beiden Steinplatten empor, die die vermeintliche Ruhestätte von Jonathan Swift und seiner geliebten Stella markieren. Und direkt um die Ecke steht das aus dem 18. Jahrhundert stammende Gebäude von Marsh's Library, einer der ersten öffentlichen Bibliotheken Europas.

Wir befinden uns an einem Ort der Geister, der Geister von Dean und Stella, von Michael Moran, dem Balladensänger, der unter dem Namen „Zozimus" bekannt wurde und in seiner Unterkunft in der Patrick Street starb; von Quäkern und Hugenotten, die hier seltsame Häuser bauten; von Heiligen und Betrunkenen, Geldverleihern und Straßenhändlern; und von den Bewohnern, die in den elendigen Wohnstätten der „Liberties" zu Zehnt in einem Zimmer lebten. Aber Marsh's Library hat auch einen eigenen, ganz besonderen Geist: den Geist eines Mannes, der bei Mitternacht gesehen wurde, wie er zwischen den alten Bücherregalen schmökerte: den seines Gründers Narcissus Marsh.

Marsh war von 1694 bis zu seiner Versetzung nach Armagh neun Jahre später Erzbischof von Dublin. Doch auch nach Antritt der neuen Stelle ließ sein Interesse an Dublin nicht nach, und so gründete er dort 1707 eine Bibliothek. Der Anlass wird in einem Protokoll festgehalten: „1707 wird ein Gesetz zur Ansiedlung und immerwährenden Unterhaltung einer Öffentlichen Bibliothek verabschiedet. Zu diesem Zweck steht das Haus zur Verfügung, das von Seiner Gnaden Narcissus, dem jetzigen Lorderzbischof von Armagh, auf einen Teil des zum Palast des Erzbischofs von Dublin gehörigen und in der Nähe der Stadt Dublin befindlichen Grundes gebaut wurde."

Während der ersten hundert Jahre nach ihrer Eröffnung war Marsh's Library die einzige frei zugängliche Bibliothek in Dublin, was Walter Harris 1739 zu der Aussage bewegte: „Ich sehe mich durch lange Erfahrung gezwungen anzuerkennen, dass dies die einzige nützliche Bibliothek im Königreich ist, denn sie steht allen Fremden und zu allen vernünftigen Zeiten offen."

Es ist sicher nicht überraschend, dass Narcissus Marsh nach seinem Tod an einen Ort zurückkehren sollte, der ihm zu Lebzeiten offensichtlich so sehr am Herzen gelegen hatte – oder dass man die gespensterhafte Gestalt, die manchmal zwischen den alten Bänden in der inneren Galerie suchend beobachtet wurde, als die seine identifizierte.

Eine weit verbreitete Erklärung für das Erscheinen des Erzbischofs setzt bei seiner Lieblingsnichte an, einem Mädchen, das er als Kind aufgezogen hatte: Als sich die junge Frau in einen Kapitän verliebte, missbilligte der Erzbischof diese Liebe zutiefst und versuchte, sie davon abzuhalten, den Mann zu sehen. Das junge Paar entschloss sich davonzulaufen, und das Mädchen schrieb ihrem Onkel, zweifelsohne um ihr Gewissen zu beruhigen, eine Notiz, in der sie ihn um Vergebung bat. Diese legte sie dann in eines der Bücher.

Erzbischof Marsh fand jedoch das Schreiben, das den über den Verlust seiner geliebten Nichte hätte hinwegtrösten können, niemals. Darum kehrte er einer weit verbreiteten Meinung zufolge nach seinem Tod in die alten Räume zurück, um auf ewig danach zu suchen.

Die Geistermesse

In allen Winkeln Irlands trifft man auf Erzählungen von übernatürlichen Ereignissen, in denen die Feier der heiligen Messe eine zentrale Rolle spielt. So hört man etwa nachts aus verschlossenen Kirchen eine seltsame Musik dringen, ein Priester sieht den Geist seines Vorgängers neben dem Altar, oder alte Häuser besitzen Sagen von einem „verborgenem Zimmer“, einem „Priesterzimmer“, in dem ein Geistlicher Zuflucht suchte, als er von Soldaten verfolgt wurde.

Eine der spannendsten dieser Geschichten wurde von Seamus MacManus in seinem Buch „Heavy Hangs the Golden Grain“ berichtet. MacManus war ein vorzüglicher Erforscher der Geschichte seiner Heimat, der Landschaft um Donegal. Sein Bericht von einer geisterhaften Begegnung auf einem der Felsen in der Grafschaft ist ein hervorragendes Beispiel für seine Erzählkunst:

„Ich hörte von einem Mann aus Gweebarra, der in der Nacht vor Allerseelen über die Berge fuhr, um am nächsten Tag in der Frühe auf dem Markt von Glenties zu sein, wo er ein Ferkel kaufen wollte. Er fuhr auf ein Licht zu, das er zu seiner Überraschung in einer Schutzhütte im Südwesten von Dunnasalagh Hill erblickt hatte. Sein Erstaunen war groß, als er sich dem alten Steinaltar auf dem Gelände näherte – einem Felsen, der dort unbeachtet stand, seit man in Kilclooney die neue Kapelle gebaut hatte. Der Mann aus Gweebarra sah, dass der Steinaltar für eine Messe vorbereitet war und dass Kerzen brannten. Ein Priester im Meßgewand stand dabei und wirkte, als habe er einen Boten ausgesandt, auf dessen Rückkehr er nun wartete.

Obwohl er das Ganze merkwürdig fand, glaubte der Mann aus Gweebarra, der Priester müsse dort wegen eines Notfalls mitten in der Nacht die Messe lesen. Er nahm seinen Hut ab, kam näher und kniete auf dem Heidekraut in der Nähe des Altars nieder. Der Priester trat zu ihm und fragte, ob er bei der Messe ministrieren könne. ‚In meiner Art schon', sagte der Mann. ‚Manchmal bittet man mich darum.' Dabei starrte er auf eine Narbe in der linken Gesichtshälfte des Priesters, die von der Schädeldecke bis unterhalb des Kiefers reichte und dort verschwand. ‚Gott sei Dank!' sagte der Priester, ‚ich habe lange auf Sie gewartet. Kommen Sie nach vorn und wir können beginnen.'

Als die Messe beendet war, wollte der Mann aus Gweebarra, so wie er es gewohnt war, die Messutensilien zusammenpacken. ‚Kümmern Sie sich nicht darum', sagte daraufhin der Priester, ‚setzen Sie ihre Reise fort, und Gott sei mit Ihnen.' Und er fügte hinzu: ‚Ich werde Sie nicht vergessen, denn sie haben mir einen größeren Dienst erwiesen, als sie wissen.'

Während er sich noch wunderte, warum ein einfacher Ministrantendienst so gewürdigt wurde, setzte der Mann seinen Weg fort und kaufte das kleine Schwein. Auf dem Heimweg bestellte er in einem Haus in Dunnasalagh ein Glas Milch. Man bewegte ihn dazu, sich niederzusetzen und Abendbrot zu essen. Dabei fragte er die Leute, warum der Priester mitten in der Nacht auf dem Hügel die Messe abgehalten habe.

Seine Frage verblüffte sie. Also erzählte er ihnen sein Erlebnis und beschrieb die große Narbe auf dem Gesicht des Priesters. ‚Das ist die außergewöhnlichste Geschichte, die ich seit langem gehört habe', sagte der Besitzer des Hauses. ‚Es ist fünfunddreißig Jahre her, dass bei der Hütte eine Messe gehalten wurde. Bei uns sagt man, der Platz werde heimgesucht, seit Bruder O'Boyle dort weitere fünfundfünfzig Jahren zuvor gestorben ist. O'Boyle hatte in seinen alten Jahren eine große Narbe auf der linken Gesichtshälfte, die ihm durch das Schwert eines Soldaten zugefügt worden war. Die Rotmäntel hatten ihn damals in die Enge getrieben und hätten ihn beinahe gefangen, als er sich auf dem Heimweg auf der Nordseite von Sliabh Mor befand.' Die alten Leute behaupteten, das Licht, das man in der Hütte zu sehen pflegte, und ihr Ruf, heimgesucht zu werden, hätten ihren Grund darin, dass der Mönch mit der Schuld einer ungelesenen Messe gestorben sei. – Von diesem Tag an wurde in der Hütte auf dem Dunnasalagh niemals mehr ein Licht gesehen."

Viele Erscheinungen von Priestern werden in dieser Weise erklärt: Die Geistlichen kommen nach dem Tod zurück, um dafür zu büßen, dass sie es versäumt haben, eine ihnen aufgetragene Messe zu lesen.

Das seltsame Klopfen in der Fishamble Street

Der Geist von Hamlets Vater ist nicht der einzige, der auf der Bühne umgeht. Viele alte Theatergebäude werden mit übernatürlichen Erscheinungen in Verbindung gebracht. Die unwirkliche Welt des Theaters und die hohe Emotionalität der Schauspieler tragen möglicherweise zu der großen Anzahl von paranormalen Erlebnissen auf beiden Seiten der Rampe bei.

Der vielleicht berühmteste Geist der englischen Theaterwelt ist der des Londoner Theatre Royal in der Drury Lane. Dort wurde über eine längere Zeitspanne und von Menschen unterschiedlichster Herkunft die Gestalt eines Mannes beobachtet. Die Erscheinung tauchte immer bei Tageslicht auf und folgte stets demselben Weg von einem Ende des Zuschauerraums zum anderen, wurde gelegentlich aber auch in einem Stuhl sitzend gesehen. Merkwürdigerweise wird sie für das Vorzeichen einer erfolgreichen Inszenierung gehalten. Vor einigen Jahren wurde das Skelett eines Mannes mit einem Dolch in den Rippen in einem lange Zeit abgesperrten Teil des alten Gebäudes gefunden. Vielleicht liefert diese grausige Entdeckung eine Erklärung für den Geist.

Dieser Geisterwanderer im oberen Rang ist jedoch nicht der einzige Geist, der mit Drury Lane in Verbindung gebracht wird. Im letzten Jahrhundert wurde ein Schauspieler im Grünen Zimmer neben einem Kamin ermordet, und seither soll das Zimmer ebenfalls heimgesucht werden. Außerdem gab es Berichte, der Geist des Schauspielers Dan Leno sei im Zuschauerraum erschienen.

Ein anderes Londoner Theater, mit dem eine Erscheinung in Verbindung gebracht wird, ist das Haymarket. Dort wurde häufig ein Geist gesichtet, der dem berühmten, im 19. Jahrhundert lebenden Schauspieler und Theaterleiter John Baldwin Buckstone ähnlich sah und sich in dessen Umkleidekabine aufhielt.

Selbstverständlich hat auch Dublin mit seiner so großen Theatertradition seinen Anteil an Theatergeistern. Obwohl es viele Berichte über merkwürdige Geräusche und unerklärliche Schritte gibt, die von Schauspielern im alten Olympia vernommen wurden, spielt Dublins berühmteste Geistergeschichte in einem anderen, noch älteren Theater: der seit langem abgerissenen Spielstätte in der Fishamble Street.

Das Fishamble Street Theatre lag in der Nähe des alten Fyans Castle, dem späteren Proudfoote's Castle, und wurde 1741 als Mr. Neale's Music Hall eröffnet. Im April 1742 war es der Schauplatz eines Ereignisses, das die Erinnerung an dieses Theater für immer wachhalten wird: der ersten Aufführung von Händels „Messias", eine Wohltätigkeitsveranstaltung zugunsten des Mercer's Hospital, der Charitable Infirmary und der Häftlingsfürsorge.

Noch andere große Nächte erlebte die Fishamble Street, etwa die vom 28. Februar 1812, als Daniel O'Connell vor vollem Haus eine Rede hielt. An seiner Seite saß ein junger Engländer, der von der irischen Sache eingenommen war und gerade eine von ihm verfasste Streitschrift über Irland an Passanten in der Sackville Street verteilt hatte. Sein Name war Percy Bysshe Shelley.

Übernatürliche Erscheinungen gehen im Fishamble Street Theatre fast bis zum Beginn des letzten Jahrhunderts zurück. Sie scheinen um das Grüne Zimmer zentriert zu sein, das damals so viele große Theaterpersönlichkeiten gesehen hat. Häufig hörte man hier unerklärliche Klopfzeichen, die stets um zehn Uhr abends begannen und fünfzehn Minuten andauerten. Einer, der dieses Phänomen im alten Theater erlebt hatte, war Mitte des letzten Jahrhunderts der Lehrling John Hogan, der von dem Klopfen erschreckt wurde, als er dort bei Umbauarbeiten beschäftigt war. Er erzählte die Geschichte in seiner Familie weiter.

Die Fishamble Street ist heute zur Hälfte abgerissen, aber die heruntergekommene Durchgangsstraße zum Liffey hinab, die im tiefsten Schatten der Christ Church im Herzen der Liberties liegt, muß nach Meinung vieler noch Geister beherbergen ... die volltönende Stimme des 37-jährigen O'Connell, die Anwesenheit eines jungen englischen Poeten, der Irlands Sache unterstützt, und Händels Messias, der sich über die ganze Welt ausbreitet.

Die Rache des Olocher

Es war eine dunkle Nacht in dem alten Dubliner Bezirk, der unter dem Namen „Hölle“ bekannt ist. Durch eine enge Gasse, tiefschwarz wie Pech, huschte leise die Gestalt einer Frau. Ungehört, aber nicht ungesehen, eilte sie vorbei, eine Silhouette vor einem erleuchteten Fenster. Im nächsten Moment erschütterten ihre angstvollen Schreie die Stille und ließen die Menschen in den überfüllten Häusern ringsherum vor Entsetzen erstarren.

Dieser Vorfall war nur ein weiteres Kapitel des Schreckens, der die Straßen und Gassen des alten Dublin während eines langen, dunklen Winters heimsuchte. Alleinstehende Frauen wurden, urplötzlich und stets in der Nacht, Opfer brutaler Angriffe, und in den Dubliner Wohnungen und Kneipen flüsterte man sich zu, der Angreifer sei ein großes, schwarzes Schwein. Man nannte es den Dolocher.

Alles hatte einige Zeit zuvor angefangen, als einer der berüchtigsten Verbrecher, der je hinter die Gitter des mächtigen Black Dog Prison gebracht wurde, Selbstmord beging. Der Name dieses Mannes war Olocher; er war wegen des Mordes an einer Frau zum Tode verurteilt worden.

Die dramatische Art und Weise, mit der Olocher sich in letzter Minute um den Galgen herumschummelte, machte es wahrscheinlich unvermeidlich, dass sich Gerüchte verbreiteten. Aber erst ein Ereignis, das im Black Dog Prison in der Nacht nach Olochers Selbstmord stattfand, brachte den Schrecken in die ganze Stadt: Ein Posten, der im Gefängnis Wache hielt, wurde bewusstlos und übel zugerichtet aufgefunden. Als er das Bewusstsein wiedererlangt hatte, sagte er, er sei von einem großen, schwarzen Schwein angegriffen worden.

Die Neuigkeit von diesem merkwürdigen Angriff war gerade über die Mauern des Gefängnisses gedrungen, als dem Vorfall etwas noch Seltsameres folgte: Eine andere Wache löste sich einfach in Luft auf. Die Waffe des Mannes wurde, die Kleidung lose um sie herumliegend, hinter dem Wachhäuschen gefunden, aber von dem Wachhabenden keine Spur! Sofort nahm man an, er sei von dem schwarzen Schwein verschlungen worden.

Die Stadt geriet in Aufruhr. Die meisten Leute vermieden es, nach Einbruch der Nacht hinauszugehen. Dann meldeten sich immer mehr Frauen, die behaupteten, das schwarze Schwein gesehen zu haben.

Bald wurde offensichtlich, dass die meisten Berichte der Wahrheit entsprachen und nicht bloß von den seltsamen Ereignissen im Black Dog Prison angeregte Erfindungen der Einbildungskraft waren. Einige weitere Frauen wurden von dem schwarzen Schwein angegriffen, und das geringste Schlurfen in einer stillen Straße veranlasste die Leute, Schutz zu suchen. So wurde Dublin in der Nacht zur Geisterstadt.

Das schwarze Schwein wurde allgemein für den Geist des sich auf einem Rachefeldzug befindlichen Olocher gehalten, und daher wurde das furchterregende Wesen, das unter dem Mantel der Nacht durch die Gassen streunte, unter dem Namen „Dolocher“ bekannt. Dann ging der lange, angsterfüllte Winter vorüber, und mit ihm verschwand der „Dolocher“. Die Angriffe endeten und die Stadt atmete auf, doch im nächsten Winter begannen sie erneut.

Aus Berichten geht hervor, dass das Rätsel des Schweins gelöst wurde, als sich ein Schmied, der von der Kneipe nach Hause gehen wollte, den Mantel einer Frau borgte, um sich gegen den Regen zu schützen. Er wurde attackiert, konnte seinen Angreifer jedoch bezwingen. Wie sich herausstellte, handelte es sich um den Wachposten des Gefängnisses, der auf so rätselhafte Weise verschwunden war. Er hatte sich die Haut eines großen, schwarzen Schweines übergezogen.

Die unheimliche Geschichte vom „Dolocher" ist Teil der Dubliner Volksüberlieferung. War er ein Geist oder ein Psychopath? Die Antwort bleibt hinter den Steinen der „Hölle" verborgen.

Das Gespenst von Clongowes

Zwei Meilen nördlich des kleinen Dorfes Clane in der Grafschaft Kildare, nicht weit vom Friedhof von Bodenstown entfernt, auf dem Wolfe Tone beerdigt ist, befinden sich mehrere imposante Einfahrten, die sich auf eine lange, baumbestandene Straße hin öffnen. Das alte Gebäude am Ende der Allee ist das Clongowes Wood College, ein von den Jesuiten geführtes Erziehungsinstitut, das man wegen seiner Exklusivität manchmal auch das „Eton Irlands" nennt.

James Joyce, der ein Schüler in Clongowes war, muss sich der schaurigen Geschichten durchaus bewusst gewesen sein, die man sich von dem alten Haus erzählte, denn in seinem autobiographischem Buch „Ein Portrait des Künstlers als junger Mann" beschreibt er lebhaft die Schrecken eines Neuankömmlings (seiner selbst), die ihn, in einem merkwürdigen Bett in einem großen Schlafsaal liegend, in der ersten Nacht heimsuchen. Als der Vertrauensschüler das Licht ausgeknipst und den Saal verlassen hatte, erstarrte er plötzlich vor Furcht. Seine Angst hatte ihren Grund in einer Geschichte, die man ihm zuvor zugeflüstert hatte: dass es in dem College einen schwarzen Geisterhund „mit Augen so groß wie Kutschenlampen" gebe, der nachts durch die Korridore streune – der Geist eines Mörders, wie man ihm erzählte.

Und noch eine weitere alte Legende von Clongowes quälte den jungen Joyce, als er schlaflos in der hoffnungslosen Dunkelheit des fremden Dormitoriums lag: eine sich zäh haltende Geistergeschichte, die von der Dienerschaft und an den Kaminen der Grafschaft Kildare noch immer voller Erregung erzählt wird. Sie berichtet von Frauen, die vor langer Zeit von einem schrecklichen Besucher in der Eingangshalle überrascht wurden, dem Geist mit aschfarbenem Gesicht und einer großen Wunde an der Seite, der eine Marschalluniform trug. Mit der Erscheinung hat es Folgendes auf sich:

Die Schule, 1814 von den Jesuiten eröffnet, wurde um das alte Schloss herum gebaut, das seit 1667 der Wohnsitz der Familie Wogan-Browne war. Eines Abends nun sahen zwei Mädchen der Familie, wie ihr Bruder, der damals als Marshall in der österreichischen Armee diente (womit er nicht das einzige Familienmitglied war, das eine Karriere in einer Armee des Kontinents machte), durch die große Tür der Eingangshalle in die alte Halle torkelte. Die beiden Schwestern bemerkten, dass die Hand und die Uniform ihres Bruders blutbefleckt waren und folgten ihm trotz ihrer Furcht, als er die Treppe hinauftaumelte. An der Tür seines Schlafzimmers verschwand er.

Da sie die Erscheinung für ein Zeichen hielten, dass ihr Bruder im Krieg tödlich verwundet worden sei, verbreiteten sie diese Nachricht in der Nachbarschaft. Sie waren sich der Bedeutung der grausamen Begegnung so sicher, dass sie sogar eine Totenwache abhielten. Einige Wochen vergingen, bis sich ihre Befürchtungen bestätigten und sie offiziell davon in Kenntnis gesetzt wurden, dass Marshall Wogan-Browne in der Schlacht bei Prag gefallen war – an eben dem Tag, an dem er in dem alten Heim erschienen war.

Das Schloss blieb im Besitz der Familie Wogan-Browne, bis es General Michael Wogan-Browne, ein Adjutant des sächsischen Königs, an die Gesellschaft Jesu verkaufte.

Das Phantom vom Bauernhof

Unter den Dokumenten über paranormale Erfahrungen finden sich zahllose, die – wie die Geschichte von Clongowes – über Geistererscheinungen von Verstorbenen berichten. Eine der seltsamsten Aufzeichnungen kommt aus der Grafschaft Tyrone, aus dem abgelegenen Stadtgebiet von Cavankirk im Clogher Valley.

Auf einem einsamen Bauernhof im Tal lebte die Familie Wilson: Mutter, Vater, zwei Söhne und eine Tochter. Nach dem Tod ihrer Eltern lebten die Kinder weiterhin im Haus. Bald jedoch wurde einer der Jungen launisch und war den anderen ein ständiger Quell der Sorge, besonders seiner Schwester, die alles tat, um ihn zu bessern. Trotz aller Bemühungen ging es aber immer schlechter mit ihm. Je mehr sie ihn tadelte, desto mehr forderte der Bruder, der sich in immer neue Schwierigkeiten brachte, seine Schwester heraus. Um der familiären Enge zu entfliehen, wanderte er schließlich nach Kanada aus.

Eines Abends führte George, jener Bruder, der zu Hause geblieben war, die Kühe von der Weide und brachte sie in den Stall, damit sie wie gewöhnlich gemolken würden. Er kam ins Haus und gleich danach ging seine Schwester mit den Melkeimern hinaus. Als er am Tisch saß, schien George im Augenwinkel zu sehen, wie ein Schatten am Fenster vorbeihuschte. Einen Moment später hörte er seine Schwester schreien. Als er daraufhin nach draußen lief, war seine Schwester ohnmächtig zusammengebrochen und lag auf dem Boden der Scheune. Es dauerte einige Zeit, bis er sie so weit beruhigt hatte, dass sie erzählen konnte, was geschehen war.

Sie habe vom Melken hochgeschaut und gesehen, wie ihr jüngerer Bruder in den Stall kam und im ersten Moment gedacht, dass er unerwartet aus Kanada zurückgekommen sei. Dann aber habe er sich zu ihrer Bestürzung auf sie geworfen und versucht, sie zu würgen. Erst das plötzliche Auftauchen von George habe den Überfall beendet. Als der Angreifer sich von ihr abwandte, habe er sie noch einmal böse angesehen, und in diesem Augenblick habe sie gewusst, dass es tatsächlich das Gesicht ihres jüngeren Bruders war, der sich aber nicht leibhaftig im Kuhstall befand.

Danach gab es weitere Vorfälle im Haus der Wilsons. Für gewöhnlich handelte es sich um lauten Lärm, der des Nachts von der Küche her kam, wenn sich dort niemand aufhielt. Bruder und Schwester riefen Nachbarn und Freunde herbei. Aber selbst dann, wenn sich einige Leute unter dem Dach aufhielten, dauerte der Lärm an. Er ähnelte dem Geräusch von Möbeln, die von einem Ende des Zimmers zum anderen geschleudert werden. Als sich die Schwester einmal in ihr Zimmer zurückgezogen hatte, um sich im Bett auszuruhen, wurde sie von unsichtbaren Händen angegriffen, die versuchten, sie zu erwürgen.

Kurz darauf erhielten die Wilsons einen Brief aus Kanada. Er setzte sie davon in Kenntnis, dass der jüngere Bruder gestorben war. Sein Tod war an dem Tag erfolgt, an dem seine Schwester im Stall erstmals angegriffen worden war.

Da er das alte Haus nicht länger ertragen konnte, verkaufte George Wilson den Bauernhof und wanderte nach Amerika aus.

Der geisterhafte Pfeifenspieler

Aus der Grafschaft Donegal ist eine Geschichte überliefert, wonach an mondhellen Nächten in einer Höhle, die unter dem Namen Piper's Cave bekannt ist, der Klang von Geisterpfeifen zu vernehmen ist. Sie gehört zu einer Reihe von „Pullans" genannten Höhlen, durch die der Blackwater River in der Nähe des Dorfes Ballintra auf den Grundbesitz der Brownhalls fließt.

Es ist ein historisch bedeutsamer und pittoresker Bezirk, in dem sich neben den Pullans-Höhlen das Fort McGonigle befindet, von dem es heißt, es sei die Ruhestätte von Hugh Mac Ainmire, einem Hohen König Irlands aus dem 6. Jahrhundert, sowie ein „Racoo" benannter Erdhügel, auf dem der heilige Patrick ein Kloster gründete.

Es geht eine Geschichte, dass der Klang der Geisterpfeifen in der Höhle von einem Spieler stammt, der sich einst in die unterirdischen Kammern wagte und niemals wieder gesehen wurde. In „My times and Other Times" erinnert sich John S. Hamilton, wie sein Vater erzählte: „Der Pfeifenspieler ging hinein und kam niemals wieder heraus. Man hört ihn in vom Mond erleuchteten Nächten spielen."

Er rief sich die jüngere Geschichte der Höhle in Erinnerung und berichtete: „1927 gab es einen heftigen Sturm, der eine große Buche brach, die weiter unten am Fluß stand, keine fünfzig Yards von der Höhle entfernt. Als sie auf dem Felsen wuchs, konnten die Wurzeln nicht in die Tiefe dringen, sondern bildeten sich zu einem faszinierenden Netz aus, das sich zehn oder mehr Fuß ausbreitete."

Mr. Hamilton erinnerte sich auch, dass ihm 1929 eine Gruppe von Botanikern, die in der Spukhöhle nach Pflanzenproben suchten, mitteilte, sie hätten unter dem Baum das Skelett eines Mannes gefunden. Als er zu der Stelle hinabstieg, sah er das Skelett – vermutlich das des Musikanten – im unmittelbaren Zentrum der Wurzel. Später ließ er die Gebeine untersuchen. Man sagte ihm, die Knochen seien zwischen 400 und 600 Jahre alt.

Welcher lange zurückliegende Grund brachte einen Dudelsackspieler dazu, in die einsame Höhle von Ballintra hinabzusteigen? Und welches Schicksal brach dort über ihn herein, das sein Leben forderte und seine Gebeine für Jahrhunderte verbarg, während der Klang seiner Musik durch die geheimnisvollen Schatten mondheller Nächte schwebt?

Das feenhafte Schaf

Eine alte Legende von den Höhlen von Mitchelstown bei Coolagarranroe in der Nähe von Ballyporeen, im Schatten der Galtee Berge in der Grafschaft Tipperary, erzählt von der geisterhaften Stimme eines Mannes, die nach einem verlorenen Schaf ruft.

Es gibt bei Mitchelstown zwei Gruppen von Höhlen, die alte oder Desmond-Gruppe und die neue Gruppe. Die neuen Höhlen wurden am 2. Mai 1833 von einem Mann entdeckt, der nach Steinen grub. 1895 skizzierte sie der französische Höhlenforscher Martel auf einem Plan.

Die Spuk-Legende vom Schaf gehört indessen zur alten Höhle, die manchmal nach dem Grafen von Desmond, der 1601 in ihr Zuflucht suchte, als ein Preis auf seinen Kopf ausgesetzt war, Desmond-Höhle genannt wird. Die Legende dreht sich um die Entdeckung der Höhle, die auf einem Teil des Grundbesitzes des Grafen von Kingston gelegen ist.

Ein armer Mann, der in der Nähe lebte und für seinen Lebensunterhalt auf sein „Viertel an Kartoffeln“ – das Viertel Morgen Land, das zu dem Haus gehörte – angewiesen war, wanderte durch die Felder, als er zu seiner Überraschung das Blöken eines Schafes aus einer Richtung vernahm, wo es kein Weideland gab. Dem Geräusch folgend, entdeckte er ein großes Loch, auf dessen Grund ein Schaf mit gebrochenem Bein lag.

Der Mann sprang in das Loch und versuchte, das Tier hochzuheben. Sogleich war er von der erstaunlichen Weichheit und Weiße der Wolle beeindruckt. Als er es aus dem Loch hob und auf das Gras legte, schrie das Tier nicht mehr, sondern schaute mit seinen großen schönen Augen zu ihm hoch.

Um nicht gesehen zu werden, als er das verletzte Schaf nach Hause trug, hielt sich der Mann von der einzigen Straße des Bezirks entfernt, die nämlich zum Schloss des Grafen von Kingston führte.

Seine Frau dachte zuerst, er habe das Tier gestohlen. Nachdem er ihr aber erklärt hatte, auf welch merkwürdige Art und Weise er an das Schaf gekommen war, war sie entschlossen, sich um das verwundete Tier zu kümmern und protestierte vehement gegen die Absicht ihres Mannes, es zu töten. Wie schon ihr Mann hatte auch die Frau die außerordentlich feine Qualität der Wolle bemerkt, und sie sagte ihm, sie würde eine oder zwei Büschel davon nehmen, um Strümpfe zu stricken.

Dank der fürsorglichen Pflege der Frau erholte sich das Schaf. Niemand forderte es zurück. Bei der Schur stand das sanfte Tier vollkommen still und die Frau machte aus der Wolle eifrig Strümpfe. Die Wolle war so gut, dass sich die Qualität der Strümpfe bald herumsprach. Die Nachfrage wurde so groß, dass die Frau und ihr Mann bald mehr Geld besaßen als je zuvor.

Gerade zur rechten Zeit brachte das Schaf Lämmer zur Welt, und auch deren Wolle war von einer so prächtigen Beschaffenheit und Farbe, dass sie dem Ehepaar weit mehr einbrachte, als es das Fleisch je getan hätte. Über Jahre hinweg waren der Mann und seine Frau erfolgreich. Wie es der Gang der Dinge ist, wurde das Schaf alt und seine einst so schöne Wolle dünn und struppig. Der Mann beschloss, es zu töten und trotz der herzzerreißenden Bitten seiner Frau schwor er, schon am nächsten Tag zur Tat schreiten zu wollen.

Am folgenden Morgen wurde das Ehepaar jedoch sehr früh von dem Jungen geweckt, den sie mit dem Hüten der Schafe beauftragt hatten. Er berichtete ihnen, die ganze Herde sei trotz seiner Bemühungen unter Führung des alten Schafes davongezogen.

Sofort eilte der Mann hinaus und begab sich unter der Begleitung des Jungen in die Richtung, die von den Schafen eingeschlagen worden war. Nachdem sie einige Felder überquert hatten, erblickten sie die Herde. Doch genau in diesem Moment verschwanden die Tiere, eines nach dem anderen, so als ob sie vom Boden verschluckt würden.

Als sie die Stelle erreichten, war das letzte Schaf bereits verschwunden. Der Junge sah, wie sein Arbeitgeber in dem verzweifelten Versuch, die Tiere einzuholen, durch eine Spalte zwischen den Felsen glitt. Weil er nach einigen Minuten immer noch nicht wieder aufgetaucht war, eilte der Bursche fort, um die Nachbarn um Hilfe zu holen. Doch als er kurze Zeit später mit einer Gruppe von Männern zurückkam, fand sich weder von den Schafen noch vom Mann eine Spur. Wo er zuletzt gesehen worden war, folgten sie dem Spalt im Felsen und entdeckten so den Eingang zur Höhle. Nachdem sie sich Kerzen aus einem nahegelegenen Haus geholt hatten, drang die Gruppe in die Höhle ein und hörte in der Ferne die Stimme des Mannes, die nach dem Schaf rief. Trotz ausgedehnter Suche gelang es ihnen jedoch nicht, ihn zu finden, und weder er noch die Schafe wurden je wieder gesehen.

In den Jahren nach der Entdeckung der Höhle glaubte man in der Gegend, die geisterhafte Stimme, die in den weiten, dunklen Kammern unter der Erde nach dem Schaf ruft, werde von Menschen gehört, die sich nach Anbruch der Dunkelheit in die Nähe des Eingangs wagen. Es wird auch behauptet, dass das Schaf kein irdisches, sondern ein feenartiges Geschöpf gewesen sei – ein Glaube, der durch die Sanftheit des Tieres und die außerordentliche Qualität seiner Wolle gefördert wurde.

Der schwarze Hund von Cabra

Heute ist Cabra ein dicht bevölkerter Vorort im Norden Dublins mit gepflegten, gut erhaltenen Häusern und eigenen Geschäften und Kneipen. Bis Ende der zwanziger Jahre war Cabra ein halb ländlicher Streifen am Stadtrand und schloss das Gebiet von Beggsboro ein. In den Dreißigern begann die Bebauung, und die Ansiedlung von Gewerbebetrieben brachte viele neue Einwohner in die Gegend. Gegen Ende des Jahrzehnts verlangte die Expansion den Abriss eines alten Hauses. Um dieses rankte sich eine grausige Geschichte, weshalb es von den Menschen, die in seiner Nähe wohnten, gemieden wurde.

Die Geschichte geriet in Vergessenheit, als die Gegend sich immer mehr zu einem Vorort entwickelte, und ist heute wahrscheinlich den meisten Bewohnern der schmucken zweistöckigen Häuser, die jetzt in dieser Gegend stehen, unbekannt. Trotzdem wird sie in dem Buch „Irish Ghost Stories“ von Patrick Byrne erwähnt und dürfte älteren Dublinern mit Interesse an der Stadtgeschichte in Erinnerung geblieben sein.

Es wird berichtet, dass ein schwarzer Phantomhund in den grünen Wegen rund um das Haus streunte und den Einwohnern im 19. Jahrhundert eine nicht versiegende Quelle des Schreckens war. Aber obwohl sie ihn fürchteten und es möglichst vermieden, in der Nacht durch die einsamen Straßen zu gehen, glaubten sie doch, ihn im Falle eines Zusammentreffens wieder zu erkennen. Der Hund, behaupteten sie, sei der Geist eines früheren Besitzers des alten Hauses. Dieser war niemand anderes als Lord Norbury, der berüchtigte „Henker“.

Er war nach seinem Tode ebenso gefürchtet wie er es zu seinen Lebzeiten bei den Unglückseligen war, die vor ihm auf der Anklagebank saßen. In die Geschichte ist er vor allem deshalb eingegangen, weil er im Verfahren gegen Robert Emmet und andere Teilnehmer der Rebellion von 1798 das Urteil gefällt hatte. Doch auch als Privatmann, zuhause in Cabra, stieß Norbury auf große Abneigung, besonders wenn seine Nachbarn einmal in engeren Kontakt mit ihm kamen. Der Abscheu gegen Norbury war weitverbreitet, denn er galt als gnadenloser und rücksichtsloser Richter, der die unglücklichen Opfer seiner Justiz mit Schrecken erfüllte.

Die schattigen Wege rund um sein Haus in Cabra waren viele Jahrzehnte lang von seiner Anwesenheit durchdrungen, besonders im Winter, wenn die Ortsansässigen sich in stillen Nachtstunden trafen und mit angespannten Nerven auf das Angst einflößende Geräusch hörten: das langsame Tap-Tap der Pfoten eines großen, schwarzen Hundes.

Der Henker von Aughavanagh

Wanderer in den Wicklow Mountains oder Bergsteiger, die den nahegelegenen Lugnaquilla bezwungen haben, dürften mit der alten, im Herzen einer wilden und schönen Landschaft bei Aughavanagh gelegenen Jugendherberge vertraut sein, einer der beliebtesten in der weitflächigen Grafschaft.

Die irische Jugendherbergsorganisation An Óige erwarb das Gebäude 1943. Seither übernachten dort jugendliche Feriengäste und die vom Wandern auf den sich windenden weißen Bergstraßen ermüdeten Wochenendurlauber. Die wenigsten von denen, die in den Schlafräumen ihre Nachtruhe suchen, werden sich allerdings bewusst sein, dass dies der Schauplatz einer der bizarrsten Geistergeschichten ist, die man in Irland findet. Die Herberge von Aughavanagh soll nämlich vom Geist eines Henkers heimgesucht werden.

Das alte Gebäude stammt ebenso wie die Militärstraße, die von dem pittoresken Glenmalure über die Berge zu ihm führt, aus dem späten 18. Jahrhundert. Damals suchte Michael Dwyer, der Anführer des Aufstandes von 1798, Zuflucht in der fast unbezwingbaren Festung aus wilden Hügeln und Waldland. In ihrem Bemühen, Michael Dwyer und seine Männer aufzugreifen, bauten die Briten die lange und schöne Straße, die durch die Dubliner und Wicklower Berge nach Laragh und von dort aus nach Glenmalure und weiter nach Aughavanagh führt. In Glenmalure errichteten sie die Drumgoff-Kaserne, heute eine imposante Ruine, in Aughavanagh jenes Gebäude, das nun als Jugendherberge dient. Beide Bauten gehörten zu einer Kette von Militärstationen, mit denen man den gefürchteten Dwyer und seine Anhänger in die Knie zwingen wollte.

Eine der furchterregendsten Gestalten der damaligen Zeit war der Henker, ein riesenhafter Mann namens Hempenstall. Es hieß von ihm, er sei so groß, dass er sich selbst zu einem menschlichen Galgen machen könne, indem er sein unglückliches Opfer über die Schulter warf und so lange umherlief, bis es starb – eine Vorstellung, die Hempenstall den Titel „der wandernde Henker" einbrachte.

Sein eigenes Ende war ebenso gewaltsam wie jenes, das er über lange Jahre vielen anderen bereitete: Eine Gruppe von Überlebenden der Rebellion von 1798 lag in der Einfahrt des Torhauses in Aughavanagh auf der Lauer und tötete ihn auf der Stelle.

In zahlreichen Berichten ist von der Erscheinung einer furchterregenden Gestalt in eben dieser Einfahrt die Rede, die den zahlreichen Besuchern der heutigen Herberge vertraut ist, von einer Erscheinung, die über sieben Fuß groß sein soll: dem Geist des Henkers Hempenstall.

Ein Geist von Glaslough

Einer der bedeutendsten Sammler von Geistergeschichten war Sir Shane Leslie aus Glaslough in der Grafschaft Monaghan, der ein lebenslanges Interesse an übernatürlichen Erscheinungen jeder Art hatte und seine Ergebnisse nach langer Beschäftigung mit dem Thema in seinem bekannten „Ghost Book“ veröffentlichte.

Glaslough House, ein stattliches Landhaus auf einem herrlichen Grundstück im Dorf Glaslough, sieben Meilen von der Stadt Monaghan entfernt und nahe der Grenze zwischen Armagh und Tyrone gelegen, ist das Heim der Familie Leslie und zugleich der Schauplatz einer übernatürlichen Begegnung, die der Geisterjäger höchstpersönlich hatte. Die Erscheinung ist insofern einzigartig, als der Geist über die laufenden Ereignisse gut informiert zu sein schien. In seiner großartigen Autobiographie „The Film of Memory“ schildert Sir Leslie, was ihm selbst eines Nachts dort zustieß:

„Merkwürdigerweise war der 1925 verstorbene Onkel Moreton einer der wenigen Toten, dessen Erscheinung ich gesehen habe.

Es gibt eine Art von Erscheinung, die einem Schläfer in den ersten Momenten nach dem Erwachen sichtbar ist. Sie hat nichts mit dem vorhergehenden Traum zu tun, auch gibt es keinen besonderen Grund für ihr plötzliches Auftreten. So etwas geschah mir dreimal, und machte jedesmal einen so lebhaften Eindruck auf mich, dass es mich überwältigte. Danach konnte ich mich einige Stunden lang nicht genügend konzentrieren, um mich im Alltag zurechtzufinden. Mein Gefühl sagte mir, ich hätte Gestalten aus einer anderen Welt gesehen. Dies passierte mir nur nach dem Aufwachen, während ich mit absoluter Sicherheit spürte, dass ich wach war.

Ich erwachte einmal in Glaslough zwei Jahre nach Onkel Moretons Tod und zu meiner Überraschung sah ich ihn im Zimmer stehen. Ich war vollständig im Besitz meiner Sinne und konnte jeden Gegenstand klar erfassen.

Onkel Moreton sagte sehr bedächtig zu mir: ‚Mir ist es egal, was du über mich geschrieben hast, aber Onkel Stee wird es ganz und gar nicht gleichgültig sein!‘ Ich hatte kurz zuvor einen Aufsatz über seine Karriere verfasst, die ich als ein ‚sublimes Scheitern‘ eingestuft hatte. Die Botschaft war offensichtlich richtig, denn Colonel Stephen Frewen, Lord Carsons Schwiegervater, war sehr verärgert, wie ich später erfuhr. Es war alles so real, dass ich für Stunden an nichts anderes denken konnte.“

Wie die Leser seines Buches über die Geister wissen werden, untersuchte Sir Shane das Reich des Übernatürlichen auf eine distanzierte, beinahe klinische Art und Weise. Sein Interesse galt der ganzen Skala der Geisterwesen, von Erscheinungen und Todeswarnungen bis zu den Poltergeistern. Um so beeindruckender ist diese Aufzeichnung einer Begebenheit, die ihm selbst widerfuhr.

Die Geister der Dubliner „Liberties"

Es muss viele Geister geben, die die „Liberties" heimsuchen. Jener von Narcissus Marsh zum Beispiel, der sich in der Bibliothek, die er Dublin schenkte, in ein altes Buch vertieft. Oder der tragische Geist Swifts, der die Korridore des alten Hospitals entlangschreitet, das er für so notwendig für Dublin hielt. Auch die Geister von Stella und Vanessa, die vielleicht im Schatten eines dunklen Pfeilers von St. Patrick umgehen. Oder dort, wo früher die Faddle Alley verlief, der Geist des blinden Michael Moran, der zum Balladensänger Zozimus wurde, und nicht zuletzt die Geister von strebsamen Hugenotten, die einst protestierend durch die kopfsteingepflasterten Straßen marschierten.

Eine der bekanntesten Geschichten der Dubliner „Liberties" spielt am Roper's Rest, einer alten Abzweigung von Blackpitts, die zur Love Lane führte. Hier befanden sich einige Häuser der ersten Quäker, die sich in Dublin niederließen. Zu ihnen zählen die berühmten Bewleys, deren einzigartige orientalische Kaffeehäuser für Generationen ein bedeutender Teil des Dubliner Gesellschaftslebens waren.

Wenn sich die Dunkelheit über Roper's Rest niederlässt, hieß es, reitet ein Reiter ohne Kopf vorbei. Diese Geschichte verbreitete Angst und Schrecken unter den Anwohnern, wenn die Dämmerung im Winter hereingebrochen war, und veranlasste manch verspäteten Fußgänger, seine Schritte zu beschleunigen. Obwohl die genaue Beziehung zwischen Roper's Rest und dem Reiter ohne Kopf niemals vollständig aufgeklärt wurde, lässt sich doch so viel sagen, dass letzterer seine Herkunft einem makabren Vorfall verdankt: Ein Mitglied der Familie Roper (die dort ein Haus besaß) war gestorben und man versäumte es, die Totenwache abzuhalten, bevor der Tote einige Tage später beerdigt wurde.

Das in der Ardee Street am Ende der Coombe gelegene Ardee House, das Stadthaus des Grafen von Meath, hatte lange den Ruf eines Spukorts. 1729 errichtet, kam es in die Hand der Familie Purser und wurde schließlich ein Schwesternhaus des Coombe-Hospitals. 1943 wurde es zerstört. Eine der verlässlichsten Aussagen über den Spuk stammt aus der letzten Phase seiner Geschichte, in der es als Schwesternhaus diente. Sie wurde von einer Krankenschwester aufgezeichnet, die später eine erfolgreiche Volksschriftstellerin wurde: Annie M. P. Smithson.

Sie und ihre Kolleginnen waren der festen Meinung, dass das Haus heimgesucht werde. Teile des Gebäudes wurden deshalb nach Möglichkeit gemieden, besonders von den jungen Schwestern, wenn sie auf Nachtwache waren. Zur Stützung dieser Ansicht wurden zahlreiche Geschichten über auffällige Teetassen kolportiert, aber zweifellos waren viele von ihnen Hirngespinste einer überreizten Einbildungskraft – verständlich in einem Haus, das das Zeugnis einer zweihundertjährigen Geschichte ablegt.

Der Geist von Tallaght

Sehr oft gelten dem örtlichen Aberglauben die einsamen Straßen in Irland als Szenerie für die gefürchtete „kopflose" Kutsche. Diese Erscheinung ist fast genauso oft dokumentiert wie die der Banshee, und auch sie gilt – wie jene der feenhaften Frau – als eine Todeswarnung für denjenigen, der sie gesehen hat.

Die Kutsche, so wird berichtet, rast mitten in der Nacht wie irrsinnig durch das Land und wird von einem kopflosen Kutscher gelenkt und von kopflosen Pferden gezogen – ein an Dracula erinnerndes Gefolge, das sehr gut aus der Tradition Transsilvaniens eingeführt sein könnte.

Es gab nur wenige Gegenden in Irland, in denen man sich am Kaminfeuer nicht von „kopflosen Kutschen" erzählte. In den traditionsreichen Grafschaften wie Wexford und Wicklow gehörten sie zum Repertoire von Geschichtenerzählern aus der Nachbarschaft. Doch sogar in der Grafschaft Dublin gab es Berichte über drei Miniatur-Leichenwagen, die auf einer Straße nahe dem Schauplatz eines Massenmordes in den zwanziger Jahren unseres Jahrhunderts gesehen wurden; eine Straße in Donabate war lange als „Straße des Leichenwagens" bekannt. Auch im Süden der Grafschaft Dublin gibt es eine Geschichte über eine kopflose Kutsche.

Tallaght, wie Cabra am Nordrand der Stadt gelegen, ist heute eine rasch wachsende Gemeinde und hat sich gegenüber dem einsamen ländlichen Bezirk, der es noch in den Fünfzigern war, stark verändert.

Von der Phantomkutsche von Tallaght mit ihrem kopflosen Kutscher hieß es, sie jage – von sechs kopflosen Pferden gezogen – regelmäßig über die einsamen Straßen in den Ausläufern der Dubliner Berge und befördere einen geisterhaften Passagier. Man glaubte, es handle sich dabei um den Erzdiakon Bulkeley aus dem 17. Jahrhundert, der in einem schönen alten Herrenhaus in Tallaght wohnte, dem Oldbawn House.

Bulkeley hatte in dieser Gegend einen großen Landbesitz. Viele Legenden drehten sich zu seinen Lebzeiten und nach seinem Tod um Oldbawn, aber keine ließ einen mehr frösteln als die hartnäckige Überlieferung von seiner nächtlichen Geisterfahrt.

Ein reales Erinnerungsstück an den Erzdiakon befindet sich heute im Nationalmuseum in der Kildare Street in Dublin. Dort werden ein großer Kamin und eine Treppe aus dem Oldbawn House aufbewahrt.

Das heimtückische Gesicht

Zu den furchterregendsten Erscheinungen, die jemals gesehen wurden, gehört gewiss jene, die in einer Frühlingsnacht des Jahres 1966 einem jungen Paar begegnete, als es eine einsame Landstraße in der Grafschaft Louth entlangfuhr.

Margaret Johnston, die damals 21 Jahre alt war und noch bei ihrer Familie am Rand des Dorfes Termonfeckin, nicht weit von Drogheda, lebte, fuhr mit ihrem Freund in der Nähe ihrer Wohnung am Gut eines pensionierten Obersten der Britischen Armee vorbei, als sie beide das Gespenst sahen, „ein großes Pferd mit einem Menschengesicht und schrecklichen Glotzaugen".

Miss Johnston befand sich nach dieser Begegnung unter Schock. In einem Interview mit einer Dubliner Zeitung sagte sie einige Zeit später: „Es war schrecklich. Ich kann es nicht vergessen und habe tagelang nichts essen können nach der Nacht, in der es passierte."

In ihren eigenen Worten gab sie eine anschauliche Darstellung des Vorfalls: „Ich war bei John Farrell aus dem Milltown Haus in Corntown, Kells. Es war nach Mitternacht und wir fuhren in seinem Auto an Lord Dillon's Gut vorbei. Plötzlich wurde John gezwungen, hart zu bremsen, weil ein Pferd vor uns auftauchte. Ich wurde in den Sitz gepresst. Als ich aus dem Fenster blickte, sah ich dieses Monster oder Geist oder was immer es war. An Johns Gesichtsausdruck konnte ich erkennen, dass auch er es sah. Ich glaube, ich schrie; beide waren wir so erschrocken, dass wir erstarrten. Das Unwesen hatte den Körper eines Pferdes. Aber es war das Gesicht, das uns schockierte, glotzend, haarig und riesig. Das Tier streckte sich quer über die Straße und blockierte das Auto. Es blieb dort für nahezu zwei Minuten. Dann verschwand es.

John riss schnell das Auto herum und fuhr zu meinem Wohnhaus, das ungefähr eine Meile entfernt liegt. Wir waren so erschrocken, dass wir durch das Tor fuhren und es dabei aus den Angeln hoben. Ich weckte meinen Vater und beide erzählten wir ihm dieselbe Geschichte. Wir trinken nicht, und wir konnten nicht beide dasselbe fantasiert haben."

Ein interessanter Aspekt wurde von Lord Dillon in die Diskussion geworfen, dem Besitzer des Rath House, vor welchem das Paar die Erscheinung sah. Im Verlauf eines Interviews, das er kurze Zeit später gab, sagte er: „Ich bin gerade heute aus London zurückgekehrt, aber mein Verwalter sagte mir, ein Mädchen aus dem Dorf habe dies und jenes gesehen. Wir haben ein weißes Pony hier, und vielleicht war es das, ich kann es nicht sagen. Ich kenne die junge Frau. Sie hat hier gearbeitet und sie ist ehrbar und vertrauenswürdig."

Eine andere, in der Gegend bekannte Geschichte bezieht sich auf einen Hufabdruck, der sich in den Steinstufen vor dem Rath House befindet. Als man Lord Dillon an ihn erinnerte, sagte er: „Nun, der Überlieferung nach hat sich im 18. Jahrhundert der damalige Besitzer des Grundstücks, ein Protestant, den Ärger eines Gemeindepfarrers zugezogen. Es heißt, der Priester kam eines Tages auf seinem Pferd vorbeigeritten, um über das eine oder andere zu diskutieren, aber der Gutsherr wies ihn von seinem Besitz. Er stand dabei auf den Treppenstufen vor seinem Haus und stieß wilde Drohungen gegen den Priester und die Gemeindemitglieder aus.

Die Geschichte erzählt, dass sich das Pferd des Priesters plötzlich aufbäumte und seine Hufe auf die Stufen schmetterte. Genau dort befindet sich heute etwas, das wie ein Hufabdruck aussieht."

Unabhängig davon, was Margaret Johnston und John Farrell in der schrecklichen Nacht 1966 sahen und was die Erklärung für die Erscheinung ist, gilt Termonfeckin als geschichtsträchtiger Ort. Das Dorf entstand um die aus dem 6. Jahrhundert stammende Klostersiedlung von St. Fechin und besaß einen Konvent, der im Jahr 1195 von Cölestin III. anerkannt wurde. Im Laufe seiner Geschichte war es sowohl Sitz des katholischen als auch des protestantischen Erzbischofs von Armagh. Auf dem Gemeindefriedhof gibt es ein reichverziertes Kreuz aus dem 10. Jahrhundert und auf einem Hügel im Osten des Dorfes steht eine Burg aus dem 15. Jahrhundert. Ein Ort also mit vielen Verbindungen zur Vergangenheit – vielleicht auch ein Ort unruhiger Geister.

Vorzeitiges Ableben

O Tod!

O Tod, o Tod! Wir erkennen dich am Licht,
    das du uns spendest.
Aus deinem Aug', das funkelt kalt – indessen du wie
    Lebende dich wendest.
Was hinterlässt dein Grab du stets an Stellen,
Unter fernen Feldern, fernen Wellen,
Wo nur der Wurm und Meeresvogel an dein Bett getragen,
Doch tot die Augen liegen all'
Die beweinten deinen Fall,
Und auch die Herzen, welche dich wie deines laut beklagen!

Wahrlich! Wahrlich! Schatten sind wir, kalt, verblichen.
Wahrlich! Wahrlich! Geliebte Freunde sind dem Tod
    gewichen.
Doch selbst noch in der Gruft
Schmeckt, ach, so süß die Luft
Der Wiesen und der Felder, die einstmals wir durchkämmt,
Dass wir sie kosten, eh' wir müssen scheiden,
In Heklas Schnee den Kältetod erleiden,
Und träumen, dass ein zweites Leben uns vergönnt.

Thomas Moore

Der Geist auf dem Hügel

Viele Jahre lang wurde eine einsame Straße in der Nähe von Strokestown in der Grafschaft Roscommon von der Gestalt eines Mannes heimgesucht, der einen großen Gegenstand auf dem Rücken trägt.

Die dazugehörige Geschichte geht auf die große Hungersnot von 1847 zurück, als Irland schwergeprüft vom Hunger war und in die Fänge des Todes geriet, als es ein Land großer, von weiten Parklandschaften umschlossener Herrenhäuser und winziger, strohbedeckter Hütten am Straßenrand war, als Reisen für die einen herrliche Kutschen und feurige Pferde bedeutete, für die anderen dagegen eine langsame und mühselige Fahrt in Schleppkähnen zum entfernten Dublin.

Ein solcher Lastkahn spielt in dieser Sage aus der Grafschaft Roscommon indirekt eine Rolle: In den harten Jahren unmittelbar nach der Hungersnot emigrierten viele Leute von dort, wobei sie ihre Reise nach Amerika in Killashee in der Grafschaft Longford begannen. Auch Sean Burke aus dem Bezirk Rossaun schloss sich, obwohl er ohne einen Pfennig und nach den langen Jahren des Hungers geschwächt war, den Emigranten an, um jenseits des Atlantiks ein besseres Leben zu suchen. Trotz seines erbärmlichen Zustands machte er sich voller Hoffnung auf den Weg nach Killashee, von wo aus er mit dem Kahn die erste Etappe seiner Reise zurücklegen wollte.

Burke hatte keine Lebensmittel für die Reise, aber er wusste von einem Nachbarn, der große Vorräte besaß, und so entschloss er sich, auf seinem Weg bei ihm hineinzuschauen und genügend Proviant zu erbitten, um

wenigstens die erste Zeit zu überstehen. Zu seiner Bestürzung wollte ihm der Nachbar seine Lebensmittel jedoch nur im Tausch gegen einen großen, runden Stein geben, den er beim Kornmahlen gebrauchen wollte und von dem er wusste, dass er sich in Burkes Haus befand.

Burke, der keinen anderen Weg sah, um an die notwendigen Lebensmittel heranzukommen, kehrte trotz seiner schwachen Konstitution zu seinem verlassenen Haus zurück und holte den verlangten Stein. Er hievte ihn auf den Rücken und machte sich wieder auf den Weg zum Haus des Nachbarn. Doch bald schon übermannte ihn die Anstrengung und er sank erschöpft zu Boden, wobei der große Stein dumpf auf der Straße neben ihm aufschlug. Da ihm niemand zu Hilfe kam, starb Sean Burke noch auf der Stelle vor Hunger – ein mitleiderregender Mann, der emigrieren wollte und es nicht einmal bis zum Kanalboot von Killashee schaffte.

Der Geist dieses tragischen Opfers aus den harten Jahren Irlands war es, der später häufig auf der Straße bei Strokestown gesehen worden sein soll – jener Straße, auf der er gestorben war.

Der Geist von Summerhill

Dass Geister noch immer umgehen und nicht nur ein Phänomen vergangener Zeiten sind, bestätigt eine außergewöhnliche Geschichte, die von Erscheinungen in Summerhill, einer Straße im Norden Dublins, handelt. Hier gab es mehrere Zeugen, die ihre Beobachtungen den Tageszeitungen schilderten.

Im Januar 1966 wurde eine Abbruchfirma beauftragt, das Haus Nr. 118 in Summerhill, ein hohes georgianisches Mietshaus, einzureißen. Es gehörte zu einer Reihe von drei Gebäuden, von denen die Nachbarhäuser 116 und 117 bereits abgerissen waren. Nach nur wenigen Tagen kamen die Arbeiten zum Stillstand, weil mehrere verängstigte Arbeiter berichteten, sie hätten den Geist eines Mannes in einer gestreiften Schürze gesehen, so wie sie damals die Schlachter anzogen.

Einer der Arbeiter, Joseph Byrnes, erzählte der „Evening Press“: „Ich hatte gerade mit einem alten Ofen im Kellergeschoss zu kämpfen, als ich das Gefühl bekam, dass jemand hinter mir steht. Ich schaute mich um, sah aber nichts. Nach einer Weile beschlich mich dieses Gefühl erneut und ich schaute mich noch einmal um. Jetzt sah ich einen Mann, der so etwas wie eine gestreifte Schlachterjacke trug und zu einem Fenster blickte. Ich rief die anderen, die oberhalb von mir arbeiteten. Aber als sie zu mir herunterkamen, konnten sie nichts sehen.“

Zwei von Byrnes Kollegen sahen die Erscheinung jedoch bei anderer Gelegenheit, und ihre Beschreibungen stimmten überein. Einer von ihnen, William McGregor, fiel bei dem Anblick sogar in Ohnmacht.

Die drei alten Häuser, zu denen die Nr. 118 gehörte, blicken auf eine lange und abenteuerliche Geschichte zurück. Von einem hieß es sogar, dass es in ihm spuke. Dies war aber die Nr. 117 und nicht das Haus, in dem der geisterhafte „Schlachter“ gesehen wurde.

In den Häusern befanden sich Mietwohnungen, seit sie 1923 von der Dubliner United Tramways Company erworben und umgebaut worden waren. Seit damals waren sie als die „Straßenbahn-Häuser“ bekannt. Viele Jahre zuvor hatten sie zum Besitz der Familie Hutton gehört, den Inhabern einer Karosseriebaufirma, die für ihre erstklassigen Kutschen berühmt war. Eine dieser Kutschen wird noch heute von der britischen Königsfamilie bei Staatsfeierlichkeiten benutzt. Thomas Hutton, das Oberhaupt der Firma, lebte in einem der Häuser. Dort ging um 1840 Thomas Davis, der Führer des „Jungen Irland“, ein und aus und warb um Huttons Tochter Annie.

Später stand die Nr. 117 in dem Ruf, ein Spukhaus zu sein. Für gewöhnlich beschleunigten Fußgänger des Nachts ihren Schritt, wenn sie an ihm vorbeigingen, und gelegentlich versammelten sich einige Leute auf dem gegenüberliegenden Bürgersteig in der vagen Hoffnung, „den Geist zu sehen“.

Auch vom dritten Hutton-Haus, der Nr. 116, sind merkwürdige Geschichten im Umlauf. Patrick Cullen, der Autor von „The Dalers“, das am Gate Theatre großen Erfolg hatte, erzählte mir, dass das Stück, das die Missstände und Ungerechtigkeiten des Geldverleihs in Dublin aufdecken sollte, auf Erfahrungen aufbaute, die er während seiner Zeit als Hausmeister in Summerhill Nr. 116 machte. „Das Haus hatte einen schlechten Ruf“, sagte der Hausmeister, „besonders das Kellergeschoss, von dem es hieß, dass es in ihm spuke.“

Die Hausmeisterwohnung lag im obersten Stock. Wer zu ihr hinaufstieg, den überkam, sobald er die darunter liegende Etage erreichte, ein merkwürdiges Gefühl und er bemerkte ein deutliches Abfallen der Temperatur.

Patrick Cullen erzählte von einer schaurigen Geschichte, die er selbst in diesem Haus erlebt hatte. Er und seine Frau hatten einige Verwandte zu Besuch, als er die Wohnung verließ und in ein anderes Apartment auf der gleichen Etage ging. Dort war er mehrere Minuten allein, als ihn ein dreimaliges Klopfen an der Tür neben sich aufschreckte, das langsam und bedächtig wiederholt wurde.

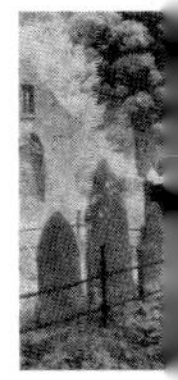

Mr. Cullen war überzeugt, dass einer der Gäste sich einen Spaß erlaube. Er eilte aus dem Raum, musste aber feststellen, dass keiner seiner Gäste das Wohnzimmer verlassen hatte. Nur – außer ihnen hatte zu diesem Zeitpunkt niemand die Möglichkeit, die andere Wohnung zu betreten.

Handelt es sich um einen Geist oder mehrere? Siedelte der geisterhafte Bewohner des „Spukhauses“ in das Nachbarhaus um, als die Nr. 117 abgerissen wurde? Und welche merkwürdigen Dinge ereigneten sich in den „Straßenbahn-Häusern“ während der langen Winternächte im 19. Jahrhundert und ließen in den einstmals herrschaftlichen georgianischen Räumen ihre Spuren zurück – und ruhelose Geister, die in den Schatten herumschleichen?

Es ist historisch belegt, dass sich im Jahr 1863 ein gewisser Patrick Conway in Summerhill, Haus Nr. 118, die Kehle durchschnitt. Er war Schlachter.

Das Zimmer in Maynooth

Einer der seltsamsten und bizarrsten aller Berichte von übernatürlichen Vorfällen rankt sich um das St. Patrick's College in Maynooth in der Grafschaft Kildare. St. Patrick's wurde – infolge eines Gesetzes des irischen Parlaments – im Jahre 1795 gegründet. Mit nur vierzig Schülern und zehn Professoren beginnend, expandierte es schnell und war lange Zeit das wichtigste Ausbildungszentrum für katholische Geistliche im Land sowie Teil der National-Universität von Irland.

Das College-Gebäude steht auf dem Grund eines früheren College, das im 16. Jahrhundert vom Grafen von Kildare in der Nähe von Maynooth Castle, dem alten Stammsitz der Fitzgeralds, gegründet wurde.

Die Geschichte vom Maynooth-Spuk datiert aus den vierziger Jahren des 19. Jahrhunderts und spielt im House of Rhetoric, einem Gebäude links vom Haupthof. Das oberste Stockwerk des Gebäudes besteht bis heute im Wesentlichen aus Schlafräumen für Studenten.

Die unheimlichen Ereignisse begannen, als einem Studenten der zweite Raum des Korridors zugewiesen wurde. Der Jugendliche nahm sich nahe beim einzigen Fenster des Zimmers mit einem Rasiermesser das Leben.

Kurze Zeit später wurde das Zimmer Nr. 2 einem anderen Studenten zugeteilt. Dieser tat, wohl unter einem unwiderstehlichen Zwang, genau dasselbe wie sein unglücklicher Vorgänger.

In diesen beiden Ereignissen sah die Leitung des Colleges unverständlicherweise nichts anderes als einen tragischen Zufall und teilte den Raum einem dritten Studenten zu. Dieser hätte beinahe dasselbe Schicksal erlitten. Er entkam der unheimlichen Macht, die von ihm Besitz ergriffen hatte, nur dadurch, dass er sich aus dem Fenster stürzte. Obwohl er sich bei dem Fall einige Knochen brach, kam er immerhin mit dem Leben davon.

Wenn dieser Vorfall auch nicht den tragischen Ausgang der beiden früheren hatte, müssen die Leiter des College doch gefühlt haben, dass man dem Zimmer Nr. 2 einige Aufmerksamkeit widmen sollte. Ein Priester erklärte sich bereit, dort Nachtwache zu halten. Es gibt keine Aufzeichnungen, was mit ihm im Laufe der Nacht geschehen ist. Man musste aber feststellen, dass er zwar überlebte, aber dass sein Haar am Morgen weiß geworden war.

Zu den Erzählungen um das Spukzimmer in Maynooth gehört auch, dass Studenten auf Blutflecken an der Wand und einen Fußabdruck im Holzboden aufmerksam wurden. Wie immer es um den Wahrheitsgehalt solcher Details bestellt ist, so steht jedenfalls fest, dass von den Kuratoren des College 1860 eine Resolution verabschiedet wurde, in der es hieß: „Der Präsident ist autorisiert, das Zimmer Nr. 2 im oberen Flur des Rhetoric House in eine Kapelle zu Ehren von St. Joseph umzugestalten und eine Kapelle zu Ehren von St. Aloysius in der Gebetshalle der Junior-Studenten einzurichten."

Dass die Anweisung hinsichtlich der Gebetshalle in Zusammenhang mit den Ereignissen im Zimmer des oberen Stockwerkes steht, ist nirgends vermerkt. Immerhin wurde die Korridorwand von Zimmer Nr. 2 abgerissen, das Fenster verriegelt und ein Schrein zu Ehren von St. Joseph aufgestellt. So existiert der Raum bis heute.

Der Mann im Umhang

Wer ist der große, hagere Mann, der unter seinem linken Arm eine Kerze hält, einen langen, dunklen Umhang trägt und auf einer Landstraße in der Nähe der Stadt Clones umgehen soll?

Clones liegt in einer historisch bedeutsamen Gegend im Westen Grafschaft Monaghan. In frühchristlicher Zeit wurde dort durch den heiligen Tighearnach, der hier auch starb, ein Kloster gegründet, das ein altes, gemeißeltes Kreuz besitzt und einen runden Turm hat.

Die Geschichte von dem geheimnisvollen Mann mit der Kerze hat sich auf der ruhigen Straße von Clones nach Scarva ereignet. Regelmäßige Berichte über sein Erscheinen haben dafür gesorgt, dass diese Geistergeschichte über lange Jahre im allgemeinen Bewusstsein geblieben ist. Viele Einheimische meiden die Straße bei Nacht und schwören, dass sie heimgesucht wird. Während einige die Erscheinung nur vage als einen großen Schatten beschreiben, den sie zwischen Büschen in einer Biegung gesehen haben wollen, sind andere in ihren Schilderungen detaillierter und behaupten, sie hätten deutlich einen großen, hageren Mann gesehen, der in einen Umhang gekleidet gewesen sei und unter seinem linken Arm eine Kerze getragen habe.

Der Hinweis auf das Detail der Kerze und darauf, dass sie sich unter dem linken Arm befunden habe, wiederholt sich in vielen Berichten. Auch heißt es, dass die Erscheinung stets nur von einem Mitglied einer Gruppe gesehen wurde, während sie für die anderen unsichtbar blieb.

Einer der überzeugendsten Berichte stammt von einer der umherziehenden Familien, bei denen die Straße nach Scarva beliebt war. Eines Nachts, als der Vater und die Mutter sich entfernt hatten, betrat ein großer Mann im langen, schwarzen Mantel das Gelände und setzte sich zu den Kindern. Als die Eltern nach ihrer Rückkehr davon erfuhren, waren sie so bestürzt, dass sie das Lager am nächsten Tag abbrachen und in einen anderen Bezirk zogen. Sicherlich eine unerwartete Reaktion von Leuten, die an Dunkelheit und einsame Plätze gewöhnt sind und, wie man meinen sollte, mehr gegen die Schrecken der Nacht, seien sie real oder übernatürlich, abgehärtet sind als Leute mit einem festen Dach über dem Kopf.

In der einen oder anderen Form sind über die Jahre immer wieder Hinweise auf den Geist von der Straße nach Scarva aufgetaucht. Obwohl keine wirklich stichhaltige Erklärung gefunden werden konnte, bringt man doch die Geschichte von dem Mann im Umhang – wie man es meistens bei übernatürlichen Begebenheiten tut – mit einem Ereignis der Vergangenheit in Verbindung: Zu Beginn des 20. Jahrhunderts soll ein Mann an der Stelle, wo die Erscheinung am häufigsten gesehen wurde, zu Tode geprügelt worden sein.

Die Geister von St. Stephen's Green

Die geisterhafte Gestalt eines unglücklichen Mädchens, das durch ein georgianisches Stadthaus huscht; ein Kreuz, das alljährlich in der Karwoche hinter einer Fensterscheibe erscheint; der Geist eines Kindes, der ein Hotelzimmer heimsucht, das früher ein Teil seines Zuhause war – dies sind einige der übernatürlichen Erscheinungen, die über St. Stephen's Green in Dublin aufgezeichnet wurden.

Trotz der Spuren, die die Zeit und der Fortschritt hinterlassen haben, bilden die wohlproportionierten Plätze noch immer eine der Attraktionen des georgianischen Dublins. Der bekannteste und schönste unter ihnen wird von den Dublinern „The Green" genannt.

Mit Sicherheit hat sich St. Stephen's Green, das so lange Zeit, wenn auch verwittert, überstanden hat, seinen Anteil an Geistern verdient. Das ursprünglich nicht eingefriedete Gemeindeland wurde erstmals 1663 in Parzellen eingeteilt. Die Grünfläche im Zentrum wurde später von einem Graben und einer niedrigen Mauer eingefasst.

Im frühen 19. Jahrhundert kam ein vornehmer englischer Besucher, ein Rechtsanwalt aus Devonshire namens Sir John Carr, nach Dublin. Er bewunderte St. Stephen's Green, „eine herrliche Wiese, von Mauern umgeben und mit einer Doppelreihe Bäumen bepflanzt". Auch mochte er die stattlichen Häuser, gab aber seiner Abneigung gegenüber dem Graben Ausdruck, der die Anlage damals umgab. Dieser „Behälter für tote Katzen und Hunde" hindere die Grünfläche, „eine der prächtigsten in ganz Europa" zu sein.

Eines der eindrucksvollsten Häuser am St. Stephen's Green ist das Außenministerium, das sogenannte Iveagh House, der ehemalige Wohnsitz des Grafen von Iveagh, der dem Land von der Familie Guinness geschenkt wurde. Es ist dieses Haus, in dem das rätselhafte Kreuz im Fenster erscheint. Viele Jahre lang versammelten sich am Gründonnerstag große Menschenmengen an den Zäunen des „Green" gegenüber dem Iveagh House in der Hoffnung, einen Blick auf das Kreuz werfen zu können, das auf der Glasscheibe eines bestimmten Fensters erscheinen sollte.

Die verbreitetste Erklärung für diese Erscheinung lautete: Einem katholischen Dienstmädchen, das in diesem Zimmer im Sterben lag, wurde von ihrem protestantischen Arbeitgeber die Erlaubnis verweigert, den Priester rufen zu dürfen. Und als er sie beim Beten des Rosenkranzes ertappte, ergriff er die Perlenschnur und warf sie aus dem Fenster. Seither, behaupteten Dubliner Gläubige, erscheine das Kreuz an jedem Gründonnerstag.

Andere meinten jedoch, die Erscheinung des Kreuzes habe mit dem Tod des Erzbischofs von Cashel zu tun, der 1583 an der Stelle, wo man später das Gebäude baute, ermordet wurde.

Über die Baumwipfel des Green hinweg ragt Dublins international renommiertes Shelbourne Hotel. In ihm hatte in den sechziger Jahren der amerikanische Forscher Hans Holzer eine Begegnung mit einem Geist, von der er später in seinem Buch „The Lively Ghosts of Ireland" berichtete.

Holzer und seine Frau übernachteten bei einem Besuch in Dublin im Shelbourne. In ihrer Begleitung be-

fand sich eine Frau, die ihnen bei den Forschungen in Irland als „Medium“ zur Seite stand. Sie bewohnte ein kleines Zimmer im obersten Flur. Bald behauptete sie, es werde von dem Geist eines kleinen Mädchens namens Mary Masters heimgesucht, der zu ihr spreche.

Für diese Erscheinung gab es keine Erklärung. Doch hat das Hotel eine lange Historie und vielleicht findet sich irgendwo in der Vergangenheit die Geschichte von der kleinen Mary Masters. Vielleicht reicht sie noch vor die Zeit zurück, als das Shelbourne aus jenen vier einzelnen Häusern gebildet wurde, die Martin Burke im Jahr 1824 kaufte.

Nahe dem Shelbourne Hotel steht ein weiteres Haus mit einer eigenen Geistergeschichte – sie erinnert an eine Tragödie, die sich vor dem Bau des Hauses zutrug: 1760 nahm das vornehme Green Gestalt an, und neue Häuser wurden um den Graben gebaut. Das Stadthaus von Lord Joselyn an der Westseite des Green war bereits bewohnt; daneben befand sich ein anderes Haus im Bau. Das Fundament war bereits gelegt und saugte sich nach starken Regenfällen mit Wasser voll. Hier wurde eines Morgens der Körper einer jungen Frau gefunden, die zu einer Gruppe von vornehmen Damen gehörte, die häufig entlang des Green und der nahen Cluffe Street spazierengingen.

Zwei Jahre später war der Bau vollendet und wurde Eigentum von Francis Sadleir of Tipperary. In den folgenden Jahren wechselte der Besitzer viele Male. Einige der Bewohner erzählten von unheimlichen Erlebnissen: sie hätten das Gefühl gehabt, jemand würde sie beobachten oder in der Nähe stehen.

Dublins berühmtester Platz, in vielerlei Hinsicht das eigentliche Herz der Stadt, wird noch von anderen Geistern heimgesucht als den bisher erwähnten: von Martin Burke etwa, der dem Green seine Atmosphäre gab, als er dort sein berühmtes Shelbourne Hotel baute oder von Buck Whaley, von dem es heißt, er sei von einem Fenster in der ersten Etage aus auf einen Pferderücken gesprungen oder auch von manch anderem geheimnisvollen Bewohner dieses Stadtteils ...

Ein georgianischer Spuk

Viele der großen und prächtigen Häuser aus rotem Ziegelstein im georgianischen Dublin gelten als Schauplätze von Spuk. Dasjenige, das mit Sicherheit Anspruch erheben darf, eines der am meisten von Geistern heimgesuchten zu sein, wurde 1963 abgerissen. Einem Mieter zufolge, der ungefähr ein halbes Jahrhundert in ihm wohnte, verzeichnete man dort und in den angrenzenden Häusern über eine längere Zeitspanne hinweg regelmäßig übernatürliche Erscheinungen.

Hendrick Street war eine für den Dubliner Norden typische Straße. In ihr standen bis zum weitgehenden Abriss in den frühen sechziger Jahren georgianische Häuser, die in ihrer Blütezeit die Läden wohlhabender Händler und Handwerker beherbergten, welche nach Ausbruch des ersten Weltkrieges in Wohnungen umgewandelt wurden.

1914 zog die Familie Brophy in eine Wohnung im Haus Hendrick Street Nr. 7 ein, das wie die Nachbarhäuser schon damals ein altes Gebäude war. Zuvor wurde sie seit dem Jahre 1845 von einem Herrn Watt bewohnt. Die Brophys waren noch nicht lange eingezogen, als sie bemerkten, dass das Haus der Ort von ungewöhnlichen Ereignissen war, die nicht leicht rational erklärt werden konnten.

Das am häufigsten wiederkehrende Gespenst trat in der Dunkelheit der Nacht auf. Plötzlich wurde die Stille des schlafenden Hauses durch das unheimliche Geräusch nackter Füße gestört, das, stets oben im Haus beginnend, schnell die Treppen herunter zum Erdgeschoss kam. Für gewöhnlich verschwand das Geräusch und konnte dann nach einer Unterbrechung von fünfzehn Minuten wieder vernommen werden, wenn die hastenden Füße erneut das Treppenhaus hinunterglitten. Man hörte sie niemals aufwärts gehen.

Dieses Phänomen dauerte von den frühen zwanziger bis in die fünfziger Jahre und wurde von allen Bewohnern des Hauses gehört. Manchmal entstand das Geräusch in einer der oberen Wohnungen, die damals unbewohnt und abgeschlossen waren.

George Brophy zog 1914 als Kind mit seiner Familie in das Haus Nr. 7 ein und lebte dort bis zum Jahre 1963, als das Haus von der Dubliner Stadtverwaltung als einsturzgefährdet eingestuft und abgerissen wurde. Er erzählte mir von einem äußerst aufregenden Erlebnis, der wahrscheinlich unmittelbarsten Begegnung, die je ein Bewohner mit den Phantomschritten hatte:

Eines Nacht in den frühen vierziger Jahren radelte Herr Brophy ans andere Ende der Stadt, um den Abend bei Freunden zu verbringen. Nachts gegen 1.30 Uhr kehrte er nach Hause zurück. So wie er es gewohnt war, hievte er an der vorderen Tür das Fahrrad auf die Schulter und trug es die Treppen hinauf zu seiner Wohnung. Er war gerade dabei, den Schlüssel in das Schloss zu stecken, als er zu seinem Schrecken das gefürchtete Geräusch der nackten Füße irgendwo im Dunkel der oberen Stockwerke hörte, so wie er sie schon viele Male zuvor vernommen hatte.

Da er wusste, dass die Schritte nun sehr schnell die Treppen herunter und über den Gang zu ihm herüberkommen würden, versuchte er voll Verzweiflung, schnell den Schlüssel im Schloss zu drehen, um in die Sicherheit seiner Wohnung zu gelangen. Trotz seiner fieberhaften

Bemühungen war er jedoch unfähig, die Tür schnell genug zu öffnen. Schweiß legte sich auf seine Stirn, als sich das Geräusch rasch näherte. Gerade als die Tür aufsprang, peitschte „eine Strömung kalter Luft“ hinter ihm durch den Flur und die Schritte verschwanden in Richtung Erdgeschoss.

Herr Brophy war auch Zeuge einer Poltergeist-Erscheinung im gleichen Haus. Eines Nachts im Jahr 1932 saß er noch spät im von Kerzen erleuchteten Wohnzimmer. Er war allein, als er sich gegen 0.50 Uhr entschloss, noch etwas zu essen, bevor er dann schlafen wollte. In Gedanken versunken ging er durchs Zimmer zur Anrichte. Als er noch etwas von ihr entfernt war, wurde plötzlich ein Messer mit stählernem Schaft, das auf dem Tisch lag, vier oder fünf Fuß über seinen Kopf in die Luft geschleudert und polterte dann zurück in seine ursprüngliche Lage auf dem Küchenschrank.

In den frühen zwanziger Jahren verstarb eine Frau, die als Verwalterin für dieses und das Nachbarhaus Nr. 8 zuständig war. In den folgenden Monaten sahen und hörten die Bewohner sie einige Mal nachts in den Hinterhöfen arbeiten.

Doch auch der Spuk in Nr. 7 endete keineswegs. Eine alte Frau, die in einem Dachzimmer gelebt hatte, wurde nach ihrem Tode wiederholt und über mehrere Jahre hinweg gesehen, wie sie in der Nacht langsam die Treppen hinabstieg.

Dem Nachbarhaus, der Nr. 8, wird ein weiterer Spuk zugeschrieben. Eine der Wohnungen wurde viele Jahre lang von einem Mann und einer Frau bewohnt, die nicht immer im besten Verhältnis zueinander standen, so dass es häufig zum Streit kam. Als der Mann plötzlich starb, war seine Frau viele Jahre lang beunruhigt. Sie behauptete, sie würde ihren Mann häufig im Wohnzimmer sehen, manchmal stehe er in einer Ecke, manchmal sitze er am Kamin. Schließlich konnte sie die Anspannung nicht länger ertragen und rief einen Priester. Danach wurde sie niemals mehr gestört.

Die letzte Erscheinung im Haus Nr. 7 in der Hendrick Street trat im Jahre 1963 auf, kurz bevor das Haus abgerissen wurde. Herr Brophy erzählte mir, er habe im Korridor eine Gestalt „wie eine Wolke“ gesehen, „die allmählich immer größer wurde und dann verschwand“.

Eine interessante Anmerkung zu den Geschichten mag sein, dass in der Nähe, und zwar im Hinterhof des Hauses mit der Nr. 11, Frau Ellis lebte, die Schwester des jungen Maurers Joe Brady aus der North Anna Street, der wegen der Ermordung des irischen Staatssekretärs Lord Frederick Cavendish und des Unterstaatssekretärs Edward Burke 1882 im Phoenix Park hingerichtet wurde. Frau Ellis starb in hohem Alter in den fünfziger Jahren unseres Jahrhunderts.

Und es mögen noch viele andere Geister aufgeschreckt worden sein, als die Planierraupen der Dublin Corporation vorfuhren und die einst stattlichen georgianischen Häuser dem Erdboden gleichmachten und die seit langem zerbröselnden Ziegelwände in Schutt und Asche fielen ...

Der Geist in der Leinenweberei

Helena Cecilia Blunden war sechzehn Jahre alt, als sie begann, im Spinnsaal der Leinenweberei zu arbeiten. Die älteste Tochter einer Frau aus Tyrone und eines Mannes aus Kilkenny wurde in Irland geboren, wuchs aber in England auf. 1911 kehrten die Blundens nach Irland zurück und ließen sich in Belfast nieder. Als leidenschaftlicher Anhänger der irischen Unabhängigkeitsbewegung, der „Home Rule", wäre Helenas Vater lieber nach Dublin gezogen, aber Helenas Onkels mütterlicherseits hatte den Blundens bereits Arbeitsstellen in Belfast besorgt.

Helena war eine eifrige und beliebte Arbeiterin in der Leinenweberei, eine auffällige, heitere junge Frau. Ihr Kopf war voll von der Romantik der Yeats'schen Poesie, dem Witz von Shaws Theaterstücken und den mit rauher Stimme gesungenen Liedern in den Londoner „music halls". Ihr Großonkel aus Kilkenny war als Tanzmeister umhergezogen. Von ihm hatte Helena das Talent fürs Tanzen geerbt, aber sie war mehr am Singen interessiert. Als Kind hatte sie in England im Schulchor gesungen. In der Schule hatte sie sich in Latein hervorgetan und Interesse an der italienischen Kultur und den Opern von Puccini und Verdi entwickelt. Ihr Vater ermutigte sie in ihrem Ehrgeiz, zur Bühne zu gehen, ihre Mutter aber runzelte die Stirn, als sie davon hörte. Helena war zwar unter den irischen Immigranten in London aufgewachsen, aber sie sprach einen besonderen englischen Akzent, der ihre Arbeitskollegen beeindruckte. Ihr Ehrgeiz und ihre Lieder, ihr Akzent und ihre Erinnerungen an London garantierten ihr stets ein begeistertes Publikum, und sie genoss die Aufmerksamkeit.

Die Arbeit in der Spinnerei war schwer und äußerst eintönig. An warmen Sommertagen, wenn die Hitze auf dem Siedepunkt war, fielen die in der Fabrik arbeitenden Kinder und Frauen häufig in Ohnmacht. Die Atmosphäre war aufgeladen mit feuchter, verbrauchter Luft und Kondenswasser schlug sich an den Wänden und auf dem Fußboden der Weberei nieder.

Mit dem Aufwischen des kondensierten Wassers von den Treppen wurde Margaret Maxwell beauftragt. Sie war eine grobschlächtige Frau, die sich in ihrer Jugend mit Männern und Frauen auf der Straße herumgeprügelt hatte. Da sie nicht mehr kräftig genug war, um am Webstuhl zu arbeiten, hatte man ihr diese Putzarbeit gegeben. In ihrem Stolz verachtete sie diese Arbeit, aber die Not zwang sie zu bleiben. So begnügte sie sich damit, sich heftig zu beschweren und jeden zu beschimpfen, der es wagte, über die Treppen zu gehen, während sie wischte. Sie erschreckte die Kinder, aber die Erwachsenen machten sich über ihre Drohungen nur lustig. Häufig geriet sie mit Helena aneinander, wenn sie über die Lieder und die Hoffnungen der jungen Frau herzog.

Helena arbeitete sechzig Stunden in der Woche. Am Samstag sollte der Arbeitstag mittags um zwölf Uhr enden, aber die Arbeiter machten Überstunden, wenn ein wichtiger Auftrag erledigt werden musste. Der erste Auftrag der Leinenweberei waren Tischdecken aus doppeltem Damast, mit denen die Tische im Erste-Klasse-Speisesaal der Titanic gedeckt wurden.

Die neu gegründete Gesellschaft ließ die Arbeiter manchmal auch sonntags arbeiten, damit die Auf-

träge pünktlich ausgeführt würden. Am Sonntag, den 14. April 1912, mussten alle Arbeiter, auch die Teilzeitkräfte, aus sämtlichen Abteilungen kommen, um einen Auftrag für Argentinien fertigzustellen.

Helena war in Gedanken bei einem Konzert, das sie am Abend in der Gemeindehalle besuchen wollte. Um zwei Uhr nachmittags erkannte sie, dass ihre Arbeit bis sechs Uhr abends nicht beendet sein würde und zwischen dem Arbeitsende in der Weberei und dem Konzert kaum Zeit bliebe. So behielt sie ihre Schuhe den ganzen Tag über an, um sofort gehen zu können, sobald die Arbeit beendet wäre.

Margaret war schon müde, bevor sie die Putzarbeit auf den Treppen überhaupt begonnen hatte. Sie beugte sich über den Mop und plantschte mit ihm halbherzig über die oberen Stufen. Sie hielt inne, um einen jungen Halbtagsarbeiter zu schelten, der die Stelle gerade angetreten hatte und noch nicht vor Margarets Treppen gewarnt worden war.

Um sieben Uhr abends beendete Helena die Arbeit. Erschöpft von Erregung, Hitze und Hunger, ging sie die Treppe zum ersten Stock hinunter. Dabei stolperte sie über den abgestellten Besen, fiel über das Geländer und stürzte hinunter ins Erdgeschoss. Margaret hörte das Schreien, und als sie aufblickte, sah sie, wie Helena fiel. Sie ließ den jungen Mann los und wankte hinunter zum Erdgeschoss, wo sie feststellte, dass Helena tot war.

Helenas Absicht war es gewesen, die Leinenweberei für immer zu verlassen und sich als Sängerin zu betätigen. Ihr Tod mit sechzehn machte diese Ambitionen zunichte. Es gibt kluge und durchaus verständige Männer und Frauen, die heute sagen, dass Helena im Tod die

Textilfabrik nicht verlassen hat, sondern immer noch durch das Gebäude geht.

Das Flax House wurde 1912 als Leinenweberei gebaut und mehr als fünfzig Jahre, von 1922 bis 1966, als Manufaktur genutzt. Das fünfgeschossige edwardianische Haus befindet sich im unter Denkmalschutz stehenden Textilviertel mitten im Stadtzentrum von Belfast. Mit seinem schäbigen und trostlosen Aussehen ist es Teil eines Areals, dessen Häuser nun renoviert und mit Penthouse-Wohnungen und modernen Büroräumen ausgestattet werden. Zwei Weltkriege, der Untergang der Titanic, der Osteraufstand von 1916 und die Entwicklung des modernen Irland sind an ihm vorbeigezogen. Mit dem Niedergang der Textilindustrie sind eine Reihe von Pächtern und Besitzern binnen kurzer Zeit in das Gebäude ein- und wieder ausgezogen. Während der Konjunkturschwäche in den achtziger und frühen neunziger Jahren stand das Gebäude leer, seit 1991 befindet sich dort eine Druckerei.

Paul McAvoy, der Produktionsleiter der Druckerei, ist sicher mehr mit dem Versand und den Kontakten mit ausländischen Kunden beschäftigt als mit dem Erzählen von Geistergeschichten. Sein Arbeitstag beginnt um acht Uhr morgens und endet um sechs Uhr abends. An Wochenenden ist er häufig von zehn Uhr bis zwei Uhr anwesend. Er organisiert und überwacht den Versand der Bücher und kontrolliert das Lager und die Druckerei. An Wochenenden und in den späten Abendstunden war er häufig der einzige Mensch im Gebäude; doch in jüngster Zeit weigert er sich, alleine im Haus zu bleiben.

Nur wenige Monate nach dem Einzug in das Gebäude im Jahre 1991 vernahm Paul McAvoy unerklärliche Geräusche: heftige Schläge und sich bewegende Kisten, sich öffnende Türen, durch die niemand eintrat, Schritte auf den Treppen und entlang der hölzernen Korridore. Schwer aus der Fassung zu bringen und skeptisch, wie er war, deutete er den Lärm zunächst als die typischen Geräusche eines alten, knarrenden Hauses.

Er änderte seine Auffassung erst, als ihn jemand, den er nicht sah, berührte. Diese körperliche Begegnung beschreibt er wie folgt: „Eines Samstagmorgens war ich im Betrieb und ließ die Druckmaschine laufen. Ich war in Sorge, dass sie aussetzen könnte, und darum sehr konzentriert. Ich wartete auf einen Kollegen, hörte ihn hereinkommen und spürte, wie er sich mir näherte. Ich nahm meine Augen nicht von der Druckmaschine, um ihn zu grüßen, aber ich wusste, dass er da war. Ich fühlte, wie er mir viermal auf die rechte Schulter tippte, und ich sah mich nun um, um ihn zu grüßen. Niemand stand neben mir. Als er schließlich hereinkam, fragte ich ihn, ob er schon vorher drinnen gewesen sei, aber er verneinte."

Als Paul anfing, die merkwürdigen Geräusche und unheimlichen Empfindungen zu beschreiben, überzogen ihn seine Kollegen Tony und Charlie mit Spötteleien, er sei wohl überarbeitet und an seinem Schreibtisch eingeschlafen. Kurze Zeit später bemerkten auch sie, dass Bücher und Papier sich in ihren Lagerkisten bewegten oder verschwanden, ohne dass sie es sich hätten erklären können.

Paul ist sich sicher, dass es eine Frau ist, die durch die Flure des Gebäudes geht. Er hat ihre Stimme gehört: „Eines Tages waren wir zu dritt unten im Keller, und wir hörten alle eine Stimme, die meinen Namen rief, ‚Paul'.

Wir schauten umher, um zu sehen, wer da war, aber es war definitiv niemand da. Dennoch war es eine Stimme innerhalb des Kellers, es war niemand von draußen."

Bei anderen Gelegenheiten ruft eine Frauenstimme den Namen einer Person aus einer Gruppe, aber nur der Angesprochene hört ihre Stimme. Paul erinnert sich an viele Gelegenheiten, als er zusammen mit Tony und Charlie arbeitete und jemand seinen Namen rief. Jedes Mal hob Paul den Kopf in der Erwartung, dass jemand auf ihn zukommen werde. Weder Tony noch Charlie, die neben ihm standen, hörten die Stimme, und so ging Paul zurück an seine Arbeit. Dies ist nicht nur Paul passiert; Charlie und Tony hatten das gleiche Erlebnis.

Paul glaubt, dass es einen unsichtbaren Bewohner in dem Gebäude gibt. „Oft habe ich den Eindruck, dass hier noch jemand anderes ist. Ich erinnere an einen Vorfall vor einigen Wochen, als ich Tony in der Dunkelkammer arbeiten hörte. Ich rief einige Mal nach ihm, aber bekam keine Antwort. Ich hörte etwas schieben und das Geräusch von jemandem, der sich im Raum bewegt. Also wusste ich, dass er dort war. Eine Weile später kam Tony von unten hoch, und ich sagte: ‚Ich habe dich gerufen, warum hast du nicht geantwortet?' Aber er antwortete, er sei die letzten zwanzig Minuten unten gewesen. Ich sagte: ‚Nun, da ist jemand drin und geht umher, ich habe ihn gehört.'"

An Halloween wurde eine Webkamera installiert, die live aus den Räumen der alten Weberei sendete. Besucher der Web-Seite waren eingeladen, die Bilder zu beobachten und über jeden ungewöhnlichen Anblick zu berichten. Diese Geistersuche war ursprünglich als einwöchige Erforschung der rätselhaften Geräusche und

Begegnungen in dem Gebäude angelegt, mit der Hoffnung, dass Helena in der Kamera zu sehen sei. Viele Tausend Besucher antworteten mit Berichten über wahrhaft unglaubliche Ereignisse: sie beschrieben eine junge Frau, die gewiss keine heutige Mitarbeiterin ist, sie äußerten sich über Muster und Licht an einer Wand und auf dem Boden oder sie bemerkten Objektbewegungen im Lager. Es wäre leicht, diese Berichte der übertriebenen Einbildungskraft von Leuten zuzuschreiben, die an Geister glauben wollen, aber allzu viele Besucher erlebten Ähnliches.

Die folgenden Berichte wurden von Besuchern empfangen, die die Web-Kamera im Internet beobachteten:

„Ich schaute gelegentlich durch ihre Webcam auf den Geist in der Textilfabrik. Ich sah etwas, was mich erschreckte. Es war im Korridor. Es war das Gesicht einer Frau, und die Umrisse ihres Körpers. Sie schien zu schweben, den Kopf zur Seite gedreht."

„Ich habe diesen Raum in den vergangenen eineinhalb Stunden beobachtet und musste schließlich meine Mitarbeiter hereinholen, um festzustellen, ob sie dasselbe sahen wie ich. Links unten im Bild hockte die kleine Gestalt eines Kindes oder einer jungen Frau auf dem Boden."

„Ich sah schwach die Gestalt einer knienden Frau in altmodischer Kleidung – eine Art schmutziges, blaugraues Kleid – und mit schwarzem Haar, das zu einem Knoten hochgesteckt war. Sie war nahe der Rückseite des Raumes."

Seitdem die Geistersuche begonnen hat, scheint Helena wagemutiger und aktiver geworden zu sein und die Mitarbeiter mit ihrer Anwesenheit zu verhöhnen und sie daran zu erinnern, dass sie nie allzu weit entfernt ist. Als eine Renovierung und Verschönerung im Innern der alten Fabrik bevorstand, räumten einige Mitarbeiter an den Samstagen den Bauarbeitern Akten, Filme und Bücher aus dem Weg.

Diese Arbeiter waren auf allen Etagen und hatten ihre eigenen Begegnungen mit Helena. Sie hörten eine Stimme, die in Not schrie, und eine Stimme, die sanft summte; den Lift, der von der zweiten zur dritten Etage fuhr, und Schritte, die über die Treppen schlurften. Das ungewöhnlichste Ereignis waren jedoch die extremen Temperaturschwankungen in der alten Weberei. Caitlín, der Lektor, und Ali, der Buchhalter, waren damit beschäftigt, im Design-Studio Entwürfe zu sortieren. Ali erklärte: „Es war ein ziemlich warmer Morgen, wir hatten damit zu tun, Kisten zu packen und sie ins Lager zu ziehen. Um 11 Uhr machten wir eine Pause, um Kakao zu trinken, und gegen 11.30 Uhr gingen wir ins Studio zurück. Als wir hineingingen, froren wir plötzlich und bemerkten einen dramatischen Temperaturwechsel. Der Raum war eiskalt, es fühlte sich an, als ob ein kalter Wind durch ihn bliese, aber kein Fenster stand offen. Ich dachte, ich müsse meinen Mantel und meine Handschuhe anziehen. Wir zitterten für den Rest des Tages, die Kälte blieb. Ganz egal, wie hart wir arbeiteten, wir fühlten uns nicht wieder warm. Es war wirklich kein kalter Tag draußen, aber der Raum war wie Eis."

Der Lagerraum befindet sich im hinteren Teil der Weberei in der zweiten Etage. Zwischen Lager, Design-Studio und den Büros liegt ein Korridor. Dieser ist ohne Sonnenlicht und darum immer kalt. Ali und Caítlin waren im Lagerraum, wo sie ein Druckarchiv anlegten und alte Unterlagen schredderten. Sie betraten und verließen den Lagerraum jeden Tag, wobei sie Kisten von Notizen und Akten schleppten. Sie nahmen beide eine unerklärliche Hitze in dem dunklen Korridor wahr. Sie hielten einige Mal inne und atmeten in der Hitze: eine laue, wohlriechende Hitze, die ihnen vertraut war. Schließlich konnte Caítlin sie identifizieren: Die Wärme eines Gasfeuers, brennender Kerzen, geschmolzenen Wachses und süßen Weihrauchs erinnerte an das Innere einer alten Kapelle.

Man wird Ali und Caítlin nur schwer überzeugen, dass sich diese Vorfälle rational erklären lassen. Sie glauben, es sei Helenas Qual auf der Treppe, die sie mitanhörten, und dass Helena den Aufzug bewegte, um sie daran zu erinnern, dass sie noch immer in der Fabrik ist. Ali und Caítlin haben ihre eigene Erklärung für die überraschende Kälte im Studio und für die Wärme im Korridor. Sie sind sich sicher, dass die extremen Temperaturen Helenas Anwesenheit anzeigten, dass sie bei ihnen war, während sie arbeiteten.

Der schwarze Hund von Pussy's Leap

Templeogue ist schon seit langer Zeit ein ausgedehnter Vorort Süd-Dublins. Vor der Expansion der Stadt war es ein ruhiges, altertümliches Dorf mit kleinen Häusern und Geschäften am Fuße der Berge und besaß, wie die meisten anderen ländlichen Gegenden, seinen eigenen Bestand an lokalen Legenden und Traditionen.

In Templeogue gab es davon viele. Einige drehen sich um einen in der Nähe gelegenen Fleck, der als Pussy's Leap bekannt ist. In den späten dreißiger Jahren unseres Jahrhunderts war er Gegenstand vieler Leserzuschriften an die alte Dublin Evening Mail. Eine dieser Geschichten über Pussy's Leap – ironischerweise kam in ihr ein schwarzer Hund vor – wurde von einem Leser erzählt, der mit „Schwarze Katze“ unterzeichnete:

„Als ein Alteingesessener, der schon seine Kindheit in diesem Bezirk verbrachte, würde ich gerne ein Erlebnis schildern, das ich vor vierzig Jahren am Pussy's Leap hatte. Zu jener Zeit gab es nur eine Briefzustellung am Morgen, und wenn man die Nachtbriefe bekommen wollte, musste man das Postamt in Templeogue aufsuchen.

Es war ein mondbeschienener Winterabend gegen 21 Uhr. Ich ging, begleitet von einem Dienstmädchen aus Cherryfield, mit den Briefen heim. Als meine Begleiterin und ich uns Pussy's Leap näherten, kreuzte ein schwarzer Hund unseren Weg. Er wurde immer größer, als er, begleitet von dem Geräusch rasselnder Ketten, vorbeilief, und geriet dann allmählich außer Sichtweite.

Ich brauche hier nicht eigens meine Furcht darzustellen. Jedenfalls schaffte ich es, nach Hause zu kommen, ohne bewusstlos zu werden. Noch Jahre später hatte ich Angst, den ‚Leap' bei Nacht zu passieren. Es war im übrigen merkwürdig, dass das Mädchen den Hund nicht sah, aber das Rasseln der Ketten hörte.

Eine andere alte Legende erzählt, dass vor etwa siebzig Jahren ein Mann am Pussy's Leap von einem fortgelaufenen Pferd getötet worden war, und zwar dort, wo die Knocklyon Straße kreuzt. Ich erinnere mich gut, wie ich als Junge ein grobes Kreuz am Straßenrand stehen sah. Die alten Bewohner von Firhouse, Old Bawn und Piperstown ließen einen Stein auf das Kreuz fallen, wenn sie daran vorbeigingen. Erst als die Straßen mit Dampf gewalzt wurden und es daher an lockeren Steinen fehlte, wurde diese Gewohnheit aufgegeben."

Der Schauplatz dieser Spukgeschichte vom „Schwarzen Hund" bei Pussy's Leap ist nicht weit von Killakee entfernt, wo sich die Geschichte von der schwarzen Katze zutrug, und auch nicht weit von Tallaght, wo jene von der „kopflosen" Kutsche spielt, die in einem anderen Kapitel erzählt wird.

Die Phantomkutsche von Newlands

In der Stille der Nacht soll eine Phantomkutsche schaukelnd und knarrend über den engen, kurvigen Fahrweg nach Newlands House jagen – eine schauererregende Erinnerung an einen lange zurückliegenden Tag voller Aufruhr, Gewalt und Mord.

Das georgianische Herrenhaus ist heute das Klubhaus von Newlands Golf Club in Clondalkin, Grafschaft Dublin. Früher war dies eine stolze Privatresidenz, die eine Reihe vornehmer Besitzer und eine ebenso beeindruckende Reihe berühmter Besucher in seinen Mauern beherbergte. Seit ihren glorreichen Tagen hat sie sich wenig verändert. Obwohl in den letzten Jahren Änderungen am Haupteingang vorgenommen und im hinteren Teil eine moderne Bar gebaut wurden, sind die meisten Charakteristika des Hauses erhalten geblieben. Dies gilt insbesondere für das große Gästezimmer, ein weiträumiges Appartement, das mit seinen großen Fenstern und seiner prächtigen Decke den besten seiner Epoche ebenbürtig gewesen sein muss. Sein unbezahlbarer Bozzi-Kamin existiert bis heute; er wird von einem großen Gemälde in einem Goldrahmen gekrönt, das eine halbnackte Frau zeigt – ein stummes Überbleibsel aus der Blütezeit der Herrenhauses.

Zweifellos war der bekannteste Besitzer von Newlands House Mr. Arthur Wolfe, der spätere Baron Kilwarden und Oberste Richter von Irland, dessen Kutsche es auch ist, die in dunklen Nächten noch immer zu dem Haus zurückeilen soll, von dem aus sie ihn am Tage seines Todes abholte.

Kilwarden hatte sein hohes Amt mehr durch die Protektion des Grafen von Tyrone und die Einflussnahme der Beresfords erlangt als durch seine eigene Begabung.

Auf den ersten Blick schien er verschlossen, aber er besaß die Gabe, von einem Moment auf den nächsten beinahe jungenhafte Fröhlichkeit zu entwickeln. Im Gericht war er ein Kollege und Freund des viel jüngeren Jonah Barrington, der mitteilt, dass er sich „wie einige komische Bühnenfiguren in einen lächerlichen Zorn brachte, wenn er versuchte, seine Gutmütigkeit zur Schau zu stellen".

Kilwarden hatte in seinem Verhalten gegenüber Fremden nicht immer eine glückliche Hand. Wirkliches Pech aber widerfuhr ihm an jenem Tag im Jahre 1803, als Robert Emmets Aufstand in Dublin ausbrach: Zuhause bei seiner Familie in Newlands erreichte ihn die Aufforderung der Regierung, sofort in die Stadt zu kommen.

Ohne von der Rebellion zu wissen, fuhr er, begleitet von einer seiner Töchter und seinem Neffen, einem Geistlichen, in seiner Kutsche in Clondalkin ab. Unglücklicherweise fuhr der Kutscher mitten in den Aufstand hinein und so wurden sie angegriffen. Barrington behauptete, dass die Menge Kilwarden mit Lord Carleton verwechselte, der einige Jahre zuvor als Richter des Appellationsgerichtshofs die beiden Sheer-Brüder verurteilt hatte. Die Angreifer erlaubten dem Mädchen die Flucht, töteten aber den Geistlichen und stürzten sich dann auf Kilwarden. Barrington erinnert sich mit den lebhaften Worten des betroffenen Zeitgenossen an den Mord:

„Hunderte von Mördern umzingelten nun die Kutsche mit dem einzigen Ehrgeiz, der erste zu sein, der das Blut des Obersten Richters vergießen würde. Eine Gruppe von Männern mit Spießen in den Händen griff ihn gleichzeitig an; seine Wunden zeigten, dass er viele Versuche unternahm, ihnen auszuweichen. Während er Widerstand leistete, wurden seine Hände völlig zerfleischt. Doch nach langer Qual hatten ihn dreißig Stiche in verschiedene Teile seines Körpers unfähig gemacht, weiter gegen sein Schicksal anzukämpfen. Man zog ihn auf die Straße. Dennoch war er, als man ihn in ein Haus beförderte, immer noch bei Bewusstsein und in der Lage, einige Worte zu sprechen. Kurze Zeit danach hauchte er aber sein Leben aus, zum großen Kummer all jener, die ihn wie ich gut kannten und die in der Lage waren, seine Frivolität von seinen hervorragenden Eigenschaften zu trennen."

Einige ältere Golfenthusiasten, die sich hier seit den zwanziger Jahren zum Spielen treffen, als Newlands noch unter dem Namen „Robin Hood Club" bekannt war, erinnern sich, von Kildwardens Phantom-Kutsche gehört zu haben. Damals erhielt die unheimliche Geschichte, die man sich in den Winternächten im Klubhaus erzählte, durch die abgeschiedene Lage des alten Herrenhauses ihre dichte Atmosphäre. Und der Heimweg, der über die lange Zufahrt zu den Haupttoren führt, auf dem die Phantomkutsche davonjagen soll, bot eine trübe, ja erschreckende Aussicht am Ende eines geselligen Abends.

Heute, da das abendliche Gespräch der Golfspieler versiegt und das Licht in dem großzügigen Appartement, das einst der Salon von Lord Kilwarden war, verloschen ist, lächelt vielleicht die schweigsame Dame im Goldrahmen über dem Bozzi-Kamin auf andere Personen herab – in einem Raum, der so viele gesellschaftliche Umbrüche und so verschiedenartige Persönlichkeiten gesehen hat.

Der kopflose Reiter

Eine der bekanntesten Geistergeschichten aus der Dubliner Nordstadt war über viele Jahre hinweg jene von einem furchterregenden kopflosen Reiter auf einem weißen Pferd, den man gelegentlich um Mitternacht auf der Jones's Road, der heutigen Russell Street, beobachtet haben will. Diese Durchfahrtsstraße ist allen Anhängern des irischen Fußballs und Hurlings gut bekannt, da in ihr der Haupteingang zum Croke Park liegt.

Bei dem Reiter soll es sich um den Geist des Mannes handeln, der dieser Dubliner Straße auch seinen Namen gab, des ehemaligen Sheriffs und Glücksspielers Buck Jones, der in der Nähe der Clonliffe Road in einer Villa lebte. Diese wurde später dem Gelände des Holy Cross College einverleibt und ist heute als das „Rote Haus" bekannt.

Jones war es, der einen ersten Weg von der North Circular Road zur Clonliffe Road anlegte, um sich einen leichteren Zugang zu seinem Haus zu verschaffen und sich den Umweg über die Drumcondra Road zu ersparen. Dieser Weg schloss auch die heutige Russell Street ein.

Von Buck Jones' Tätigkeit als Sheriff ist nur wenig überliefert. Seine Leidenschaft galt vermutlich mehr seiner großen Schwäche, dem Wettspiel, als der Ausübung seiner amtlichen Pflichten.

Zumindest bei einer Gelegenheit aber bewies er Mut, als eine Bande von Dieben in sein Haus einbrach, um Silberwaren zu stehlen. Er attackierte die Eindringlinge sofort mit einem Paar Pistolen und der Überfall endete mit dem Tod von zwei Einbrechern.

Diese dramatische Begegnung war nicht unbedingt ungewöhnlich, da das Haus in der Nähe der berüchtigten Mud Island in Ballybough stand, die für viele Jahre der Treffpunkt von Räubern und Vagabunden war, die zur damaligen Zeit für Passanten aus der Stadt, die verwegen genug waren, die Gegend zu durchqueren, eine ständige Bedrohung bedeuteten.

Obwohl er Sheriff war, geriet Jones selbst in Konflikt mit dem Gesetz. Sein ständiges Glücksspiel brachte ihn in die Marshalsea Barracks, die in den vierziger Jahren des 18. Jahrhunderts nahe der Quais als Schuldnergefängnis gebaut worden waren und zeitweise auch als Waffenkammer für Robert Emmet und seine Anhänger dienten. Jones starb im Gefängnis und ist in Ballybough begraben, am Ende der Clonliffe Road, nicht weit von seinem ehemals stolzen Haus entfernt – an einem Ort, wo sich früher ein alter Friedhof und ein Galgen befanden.

Sollte der Geist von Buck Jones tatsächlich durch diese Gegend reiten, die er so gut kannte, werden sich ihm wohl andere Geister anschließen, denn wir befinden uns in einem Bezirk, der reich an Geschichte ist: Noch bevor sich Piraten nach Mud Island verirrten, fand hier wahrscheinlich die Schlacht von Clontarf ihren Höhepunkt.

1895 lebte James Joyce in der North Richmond Street im Haus Nr. 17, in der Nähe der O'Connell Schools, die Edmund Rice gegründet hatte und die Joyce ungefähr ein Jahr lang besuchte. Vierzig Jahre früher wurde Matt Talbot in Aldborough Court geboren. Der Führer des Aufstands von 1916, Sean McDermott, wohnte am Russell Place Nr. 16, und am Ende von

Jones's Road lebten Brendan Behan und sein Onkel Peadar Kearney, der den Text zu Patrick Heeneys Musik für die irische Nationalhymne „The Soldier's Song" schrieb.

Ein anderes Haus in der unmittelbaren Nachbarschaft der Jones's Road, Upper Rutland Street Nr. 27, war einst die Wohnung eines späteren irischen Präsidenten: Sean T. O'Ceallaigh. Dort gewährte er den Brüdern Padraic und Willie Pearse Obdach, denen ihre eigene Wohnung am Abend des Aufstandes von 1916 als zu gefährlich erschien.

Ein Platz der Geister, gewiss, und ein Spukort in mancher dunklen Nacht für einen kopflosen Reiter auf einem weißen Pferd.

Die Geister von Skryne

Einige unter einem Unglücksstern stehende Häuser werden gleich von einer ganzen Reihe von Geistern heimgesucht. Da sind zum Beispiel die zahlreichen Geister des geschichtsträchtigen Glamis Castle, des Stammsitzes der Familie Bowes-Lyon in Schottland, aus der eine Königin von England hervorging.

Und da ist der noch dramatischere Fall des berüchtigten Borley Rectory in der Nähe von Long Melford an der Grenze von Essex und Suffolk, das eine so lange Geschichte übernatürlicher Vorfälle aufweist, dass der bekannte Parapsychologe Harry Price ihm den Titel „Das am meisten heimgesuchte Haus in England" gab.

Glamis begnügt sich mit jenem nie verblassenden Blutfleck, der auf die Ermordung Duncans durch Macbeth zurückgehen soll, einem Ungeheuer, einem Geheimzimmer, einer Grauen Frau und einigen anderen Geistern mehr. Borley dagegen, 1863 erbaut und 1939 durch einen mysteriösen Brand zerstört (der kurz zuvor in einer spiritistischen Sitzung im Hause vorhergesagt wurde), hält einen Rekord an merkwürdigen Vorkommnissen und Erscheinungen, die seit seiner Erbauung häufig wiederkehrten. Hier gab es das Übernatürliche in all seinen Ausformungen, angefangen von der nonnenähnlichen Gestalt, die man auf dem „Nonnenweg" erblicken konnte, über fliegende Ziegelsteine, Phantomkutschen, rätselhafte Fußspuren und Gespräche, Botschaften an den Wänden bis hin zu Glocken, die ohne menschliches Zutun läuteten.

Auch Irland besitzt Häuser, die gleich mehrere Geister für sich beanspruchen können. Eines von ihnen liegt nahe dem vermutlich am meisten heimgesuchten Hügel des Landes, dem geschichtsträchtigen Hill of Tara in der Grafschaft Meath, der einst der religiöse, politische und kulturelle Mittelpunkt Irlands und Sitz des Hohen Königs war.

An den Hängen des Hügels, an einer Stelle, die Skryne oder Cnoc Ghuile („Hügel des Weinens") genannt wird, steht Skryne Castle. Es wurde 1172 errichtet und im frühen 19. Jahrhundert, in der Nähe des Ortes, an dem die aufständische Fianna in der Schlacht von Cowra kämpfte, wieder aufgebaut. Die Geschichten, die über die Burg erzählt werden, handeln vom Geist einer Nonne, einer Frau in Weiß, einem großen Mann mit Hund und von seltsamen nächtlichen Schreien.

1740 wurde das Schloss von Sir Bromley Casway übernommen, der in seiner Obhut ein Mündel namens Lilith Palmerston hatte. Das Mädchen verbrachte einige Zeit in Dublin, kehrte dann aber zurück, um mit ihrem Vormund in Skryne zu leben.

Die Geschichte besitzt alle Zutaten eines viktorianischen Melodramas (und mag im folgenden Jahrhundert in der Tat einige romantische Schriftsteller inspiriert haben), denn Liliths Schönheit zog die unwillkommene Aufmerksamkeit eines wohlhabenden Gutsherren aus der Nachbarschaft auf sich. Dieser Mann, Phelim Sellers mit Namen, wollte das junge Mädchen zur Frau nehmen. Als seine Avancen zurückgewiesen wurden, nahm er dies nicht hin, sondern verstärkte seine leidenschaftlichen Bemühungen noch, sodass sein Opfer schließlich gezwungen war zu handeln.

Um Sellers und seinen Nachstellungen zu entgehen, entschied sich Lilith für die Rückkehr nach Dublin. Die Nachricht von ihrer geplanten Abreise muss dem Freier jedoch zugetragen worden sein, denn in der Nacht, bevor ihn Lilith Skryne verlassen wollte, ging Sellers zum Schloss, erzwang den Eintritt und bahnte sich den Weg zu dem Zimmer des Mädchens. Dieses gewaltsame Vorgehen des Gutsherrn endete in einer Tragödie, denn als ihm das Mädchen noch immer Widerstand leistete, erwürgte er sie. Sellers wurde zur Strafe für das Verbrechen in Galway gehenkt.

Die Schreie, die man um Mitternacht im Schloss hört, mögen jene der unglücklichen Lilith Palmerston sein. Und es mag auch ihr Geist sein, der die Gestalt jener geheimnisvollen Frau in Weiß annimmt, die man über das Grundstück hat laufen sehen, die Hand fest um den Hals gelegt.

Todesboten

Wie oft hörten wir der Banshee Schrei

Wie oft hörten wir der Banshee Schrei
Wie oft schlug der Tod entzwei
Helle Banden, die die Ehre band,
Süße Fesseln, die die Liebe wand!

Friede den mannhaften Seelen, die tot!
Ruhe dem treuen Auge, das weint in der Not!
Lang währe des Gerechten und Mutigen Jammer
An des Recken Grabeskammer!

Was leben wir doch in düsteren Zeiten!
Die Sterne ein' um den ander'n entgleiten.
Strahlende Helden, die warfen ihr Licht
Auf unser Land, ergriffen die Flucht.

Dunkel fällt die Träne dessen, der beweint
Verlor'ne Freude, Hoffnung, die nicht mehr keimt.
Doch jene Träne fließt als klare,
Die geweint an eines Helden Bahre!

Tod sind unsere Lichtgestalten –
Du, der hundertfach im Kampfe sich gehalten!
Du, der uns mit Glut im Mund
Tat Wahrheit, Friede, Freiheit kund!
Beide stumm! Doch solange Tapferkeit noch scheint,
Oder der Gnade Geist den Krieg verneint,
So lange gelte Erins stolzer Sang
Deinem Leben, deinem Untergang!

Thomas Moore

Die Füchse von Gormanston

Das von Franziskanern betriebene Luke Wadding College in Gormanston in der Grafschaft Meath ist eine der modernsten akademischen Einrichtungen in Irland. Es genießt den Ruf, sich den immer neuen Herausforderungen des modernen Erziehungswesens schnell anzupassen und seinen Studenten ausgezeichnete Möglichkeiten zu bieten.

Wenn man zum College kommt, sieht man, dass es sich beim Hauptgebäude um ein stattliches Schloss mit Ecktürmen handelt. Bei dem Bau aus dem frühen 19. Jahrhundert handelt es sich um Gormanston Castle, das man an die Stelle eines alten Gutshofs setzte. Im 14. Jahrhundert erbaut, ist es seit 1363 der Wohnsitz der Familie Preston gewesen, der Viscounts von Gormanston, die ihr Anwesen bewohnten, bis es in den späten vierziger Jahren unseres Jahrhunderts an den Franziskanerorden verkauft wurde.

Der erste Preston, der nach Irland kam, war Roger de Preston. Er übersiedelte 1326 von Preston in Lancashire in die Grafschaft Meath, wo er das erste Gutshaus baute. Ein späterer Preston wurde 1478 von Edward IV. aufgrund seiner treuen Dienste für das Haus York zum ersten Viscount von Gormanston ernannt.

Um die Familie rankt sich folgende Geschichte: Jedesmal, wenn der Tod eines Viscounts von Gormanston bevorsteht, kommt ein Rudel Füchse aus dem Dickicht und versammelt sich um das Schloss, wo die Füchse bis zum Tod des Viscounts ausharren und unaufhörlich jaulen. Dann erst kehren sie ins Dickicht zurück. Der vielleicht unheimlichste Zug dieser Sage ist, dass es keine „Geisterfüchse" waren, die dem seltsamen und unerklärlichen Befehl folgten, sondern Tiere aus Fleisch und Blut. Sie sollen zum ersten Mal beim Tode eines Gormanston erschienen sein, der während einer Jagd das Leben einer Füchsin verschonte.

Das Auftauchen der Füchse reicht ins 17. Jahrhundert zurück, es ist in vielen Aufzeichnungen dokumentiert, auch in den Annalen der Familie Preston. Das Ereignis wurde überdies für Wert befunden, in einen Abriss der Schlossgeschichte aufgenommen zu werden, der im Jahrbuch des Franziskaner-Colleges in den späten vierziger Jahren des 20. Jahrhunderts unter Bezug auf die Schriften von Pater Paul Walsh und einen Essay des Jesuitenpaters Aubrey Gwynn aus dem Jahre 1912 veröffentlicht wurde.

In ihrem Buch „Strange Stories of the Chase" hat Countess von Feversham, die Schwester des Earl of Halifax und Autorin des berühmten „Ghost Book", einen Bericht über die Füchse von Gormanston aufgenommen, den sie von Eileen Viscountess Gormanston, der Frau des 15. Viscounts, erhalten hat.

Was auch immer die Erklärung für die Füchse von Gormanston ist, ihr mysteriöses Auftreten ist immer wieder verbürgt worden. Das Tier hat sogar Eingang in das Familienwappen gefunden.

Diese Geschichte ist einzigartig unter den irischen Erzählungen vom Übernatürlichen, in denen Todeswarnungen üblicherweise mit Klopfzeichen an Türen und Wänden, mit von ihrem Platz herabstürzenden Bildern, Erscheinungen von im Sterben begriffenen Personen, kopflosen Kutschern und natürlich mit der Banshee verbunden sind.

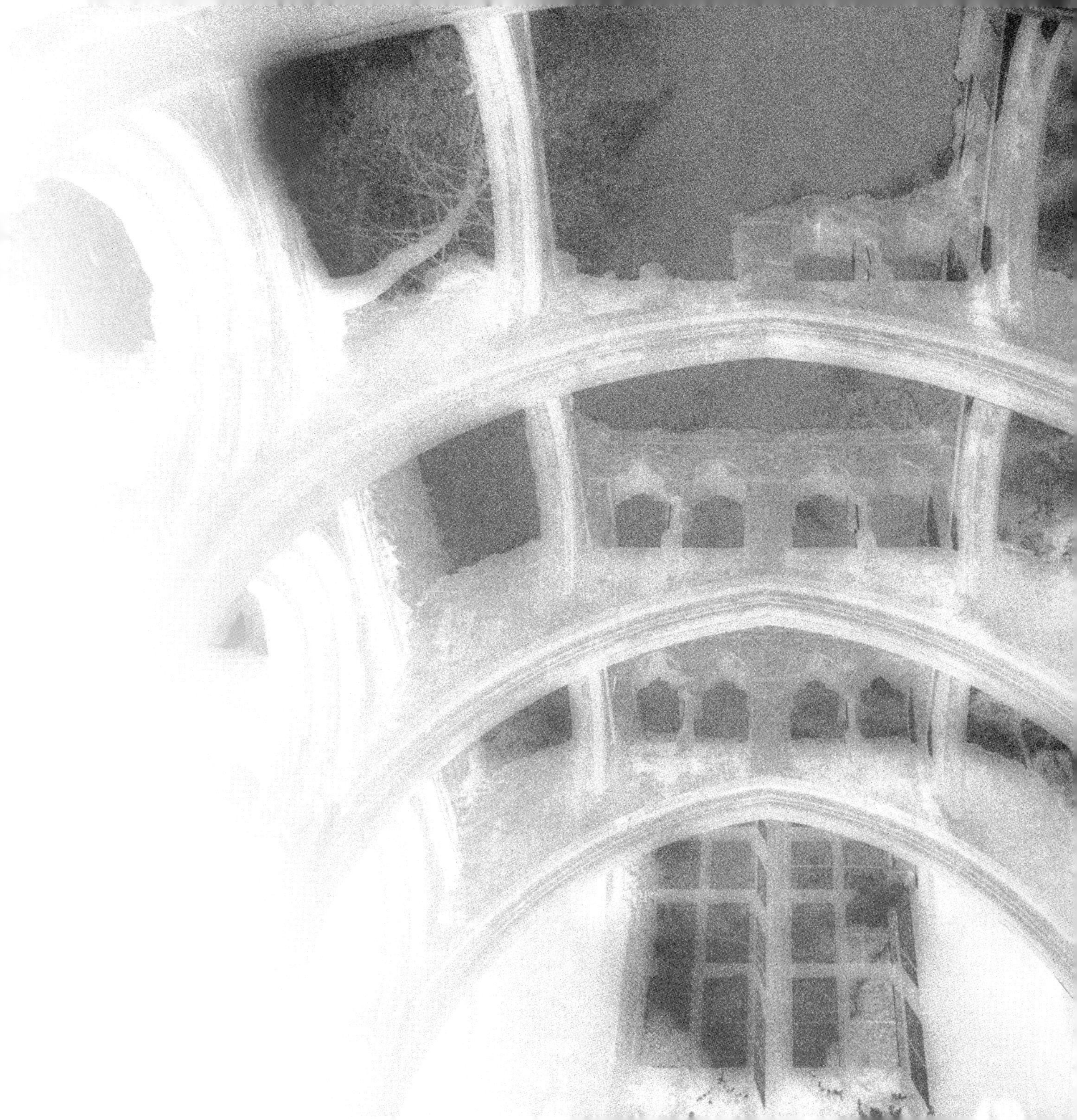

Die Geschichte der Lady Beresford

In der Dubliner Marlborough Street befindet sich gegenüber der St. Mary's Pro-Cathedral das Erziehungsministerium, zu dem das Tyrone House gehört. Viele Jahre lang, in denen das Haus in Privatbesitz war, hing in ihr ein Portrait von Lady Beresford, das sie mit einem schwarzen Band um das Handgelenk darstellt.

Mit diesem Band ist eine der berühmtesten irischen Geistergeschichten verknüpft. Es handelt sich um das Überbleibsel einer Vereinbarung zwischen Lady Beresford und Lord Tyrone, wonach derjenige von ihnen, der zuerst sterben sollte, aus dem Grab zurückkehren würde, um dem anderen den Beweis eines Lebens nach dem Tode zu liefern. Lord Tyrone starb zuerst und erschien, der Abmachung gemäß, Lady Beresford in ihrem Schlafzimmer in Gill Hall in der Grafschaft Down. Offensichtlich um ihr zu beweisen, dass sie nicht träume oder sich die Erscheinung einfach einbilde, berührte Tyrone sie am Handgelenk; dann verschwand er.

Zu ihrem Schrecken bemerkte Lady Beresford, dass die von den Fingern des Geistes berührten Sehnen am Handgelenk verkümmert waren. Wenn sie jemals an dem nächtlichen Besuch gezweifelt hatte, so verfügte sie nun über einen dauerhaften Beweis, dass er wirklich stattgefunden hatte. Um das unheimliche Mal zu verbergen, trug Lady Beresford für den Rest ihres Lebens ein schwarzes Band, das sie eng um den Abdruck herum gebunden hatte.

Sir Shane Leslie, der die Beresford-Geschichte in seinem „Ghost Book" erzählt, zitiert aus dem handschriftlichen Tagebuch von J. L. Burges aus Parkanaur, Grafschaft Tyrone, die Eintragung vom 16. Juli 1863: „Wir fuhren nach Gill Hall, dem ehemaligen Wohnsitz der Magills und jetzigen von Lord Clanwilliam. Das Haus besitzt eine imposante Halle, ein Esszimmer, ein altmodisches Treppenhaus und eine Galerie in der ersten Etage. In einem Schlafzimmer, das von dieser abgeht, ist Lady Beresford der Geist von Lord Tyrone erschienen. Man zeigt dem Besucher ein kleines Schränkchen mit einer Schramme, doch soll es sich nicht mehr um das Original handeln, von dem es heißt, Lady Clanwilliams Großmutter habe es vor Jahren entfernt."

Es gibt keine Anhaltspunkte dafür, dass das berühmte Bild von Lady Beresford, auf dem sie das schwarze Band trägt, erhalten geblieben ist. Das Band selbst aber will Sir Shane Leslie gesehen haben – es werde noch immer als Familienerbstück aufbewahrt.

Nicht uninteressant ist, dass ein Beresford Marquis von Waterford wurde, der mit einem der bekanntesten irischen Flüche in Verbindung gebracht wird. Die Mutter eines Mannes, der von einem Beresford in Seskin in der Nähe von Carrick-on-Suir wegen eines geringfügigen Vergehens gehängt wurde, soll ihn ausgesprochen haben. Er besagte, dass die Erben der Beresfords eines gewaltsamen Todes sterben würden. Tatsächlich erfüllte sich der Fluch durch zahlreiche Tragödien, denen Familienmitglieder in späteren Jahren zum Opfer fielen.

Die Pferde von Longfield

Diese Geistergeschichte weist eine Ähnlichkeit mit der Legende von den Füchsen von Gormanston auf, weil auch sie von der Erscheinung eines Tieres zum Zeitpunkt des Todes handelt. Sie ist mit einem alten Herrenhaus in der Grafschaft Tipperary verbunden.

An einem Tag im Jahr 1875 lag Charles Bianconi, einst ein mittelloser italienischer Junge, der billige Andachtsbilder in den verstreut liegenden Bauernhäusern auf dem Land zu verkaufen versuchte, in einem Schlafzimmer des abgelegenen Longfield House an den Ufern des Suir, fünf Meilen nördlich von Cashel, im Sterben. Plötzlich hörten die um sein Bett Versammelten das Geräusch galoppierender Pferde auf dem Kiesweg unterhalb des Fensters. Die Hufschläge dauerten an, mal leiser, mal lauter werdend. Als Bianconis Familie und die Diener nachschauten, waren jedoch keine Pferde in der Nähe des Hauses. Die Tore, die zum Hof führten, waren verschlossen, und keines der Pferde war ausgebrochen.

So wie es dem Viscount von Gormanston angemessen war, dass Füchse aus dem Dickicht auftauchten, um in seinen letzten Lebensmomenten Wache zu halten, so Bianconi, dass sein Tod mit dem Erscheinen von Pferden einherging, jenen Tieren, die er so sehr geliebt hatte und für Irland nützlich zu machen wußte.

Charles Bianconi kam 1802 als Sechzehnjähriger aus Italien nach Irland und eröffnete vier Jahre später sein eigenes Geschäft als Schnitzer und Vergolder. Auf seinen frühen Reisen durchs Land erkannte er, dass Irland dringend ein öffentliches Transportsystem benötigte. Um diesen Mangel zu beheben, begann er zu sparen. Nachdem er genügend Geld zusammengespart hatte, kaufte er einen bescheidenen Wagen, der von einem einzigen Pferd gezogen wurde und vier Passagiere befördern konnte. Diese Kutsche machte am 5. Juli 1815 zwischen Clonmel und Cahir ihre erste reguläre Fahrt.

Das Unternehmen war ein Erfolg, und nun wurden auch andere Städte miteinander verbunden. Limerick und Thurles waren die ersten. Bianconis Fahrzeuge, die sogenannten „Bians“, verbreiteten sich bald netzwerkartig über das ganze Land. Um der wachsenden Nachfrage zu genügen, wurden größere Fahrzeuge gebaut, eine Entwicklung, die in den großräumigen „FinnMcCools“ gipfelte. Bis 1825 legten sie täglich tausend Meilen zurück.

Wichtig für den spektakulären Erfolg Bianconis war die Aufmerksamkeit und Sorge, die er seinen Pferden angedeihen ließ. Die meisten waren für die Armee gezüchtet, wurden aber wegen des Endes der Napoleonischen Kriege nicht mehr benötigt. Bianconi, der bis zu neunhundert Pferde besaß, war immer darauf bedacht, dass diese gut ernährt und gepflegt wurden. Die seltsame Erscheinung in der Stunde seines Todes wird dadurch umso verständlicher.

Charles Bianconi ist neben der katholischen Kirche in Boherlahan, in der Nähe seines alten Hauses begraben, dort, wo ein romanische Kapelle die Gruft seiner Familie markiert.

Geister von Kindern sind recht verbreitet. Erscheinungen, wie die des Jungen im Pförtnerhaus von Rathfarnham Castle und des kleinen Mädchens im Dubliner Shelbourne Hotel erinnern daran, dass jedenfalls das Alter nicht zu den Barrieren gehört, die die Geisterwelt begrenzen.

Im letzten Jahrhundert gab es in einigen Spukhäusern Geister, die man als „leuchtende Jungen" bezeichnete. Eine bekannte deutsche Autorität, Justinus Kerner, behauptete von einer solchen Erscheinung, dass sie sich nur einmal alle sieben Jahre zeige und mit dem Mord zusammenhänge, den eine Mutter an ihrem Kind verübt habe. Eine andere Erscheinung dieser Art, die in Corby Castle in Cumberland aufgetreten sein soll, wurde im 19. Jahrhundert von der Schriftstellerin Cecily Crowe in ihr Buch „Night Side of Nature" aufgenommen. Die Geschichte geht auf ein Manuskript zurück, das im Dezember 1824 in diesem Schloss geschrieben wurde.

Der Geist eines „leuchtenden Jungen" aus dem Norden Irlands (der genaue Ort wird nicht genannt) fand seinen Eingang in John H. Ingrams „The Haunted Homes and Family Legends of Great Britain", wobei der Autor bei Cecily Crowe Anleihen machte. Das Buch wurde in den frühen achtziger Jahren des 19. Jahrhunderts veröffentlicht, der Stoff stammt dagegen bereits vom Ende des 18. Jahrhunderts und war schon von einigen anderen Schriftstellern aufgegriffen worden. Ingram meinte jedoch, dass er in der Version von Cecily Crowes „Ghost Stories" „weniger romantisch" erzählt sei als gewöhnlich und daher „einen stärkeren Anstrich der Wahrscheinlichkeit" besitze. Cecily Crowe wiederum erhielt die Geschichte in dieser Form aus der Familie von Lord Castlereagh, der den Geist des Jungen selbst gesehen hatte:

Captain Stewart, der spätere Lord Castlereagh, wurde als junger Mann in Irland stationiert. Stewart war ein begeisterter Sportler. Eines Tages wurde er bei der Verfolgung eines Wildes so weit von seinem Weg abgebracht, dass er sich verlief. Da sich zudem das Wetter sehr verschlechtert hatte, klopfte er in seiner Not an der Tür eines Landhauses und bat, seine Visitenkarte reichend, um Unterkunft für die Nacht. Die Gastfreundschaft der irischen Landbevölkerung ist sprichwörtlich, und so empfing ihn der Herr des Hauses warmherzig, sagte aber, er fürchte, er könne es ihm nicht so bequem machen, wie er es wünsche, da sein Haus bereits voll mit Gästen sei. Einige Fremde hätten wegen der unfreundlichen Nacht schon vor ihm um Unterkunft gebeten.

Gleichwohl sei er herzlichst eingeladen, das Nachtlager, das er ihm anbieten könne, anzunehmen. Dann rief er seinen Butler und sagte ihm, indem er ihm den Gast anvertraute, dass er ihn irgendwo unterbringen müsse, er solle das Beste für ihn tun. Eine Frau des Hauses gab es nicht, weil der Mann Witwer war.

Captain Stewart fand ein überfülltes Haus und eine sehr lustige Gesellschaft vor. Sein Gastgeber lud ihn ein zu bleiben und versprach ihm eine schöne Jagd, wenn er seinen Besuch um einige Tage verlängere. Und in der Tat war Stewart glücklich, an ein so gemütliches Quartier geraten zu sein.

Nach einem angenehmen Abend zog man sich endlich ins Bett zurück. Der Butler führte den Captain in ein großes Zimmer, in dem es zwar beinahe keine Möbel gab, dafür aber ein flammendes Torffeuer im Kamin und ein aus Umhängen und verschiedenartigen Stoffen bestehendes Notlager auf dem Boden. Nichtsdestotrotz schien es Captain Stewart, der die ganztägige Jagd in den müden Gliedern hatte, sehr einladend zu sein. Bevor er sich niederlegte, dachte er, es sei ratsam, das Feuer etwas zu drosseln, das ihm gefährlich in den Schornstein hochzulodern schien. Nachdem er dies getan hatte, streckte er sich auf seinem Lager aus und fiel bald in den Schlaf.

Er glaubte, ein paar Stunden geschlafen zu haben, als er plötzlich erwachte und von einem lebhaften Licht im Zimmer aufgeschreckt wurde. Er dachte, es brenne, aber als er sich zum Kamin umdrehte, war das Feuer ausgegangen, obwohl das Licht von dort herkam. Er setzte sich in seinem Lager auf und versuchte herauszufinden, was das Licht hervorbrachte. Da bemerkte er die sich allmählich immer deutlicher abzeichnende Gestalt eines hübschen, nackten Jungen, der von einem blendenden Strahl umgeben war. Der Junge sah ihn ernst an. Dann verschwand die Vision und alles war dunkel.

Captain Stewart war weit entfernt davon, dem Gesehenen eine spirituelle Natur zuzuschreiben. Er hatte keinen Zweifel, dass sein Gastgeber oder die Besucher sich auf seine Kosten amüsieren wollten und versucht hatten, ihn zu erschrecken. Dementsprechend war er über diese Unverschämtheit empört. Als er am nächsten Morgen zum Frühstück kam, gab er sich alle Mühe, sein Missfallen durch reserviertes Auftreten und die Ankündigung zu bekunden, dass er sofort abzureisen gedenke. Der Gastgeber protestierte und erinnerte ihn an sein Versprechen zu bleiben und an der Jagd teilzunehmen. Captain Stewart entschuldigte sich kalt. Da der Hausherr spürte, dass etwas nicht in Ordnung war, schob er ihn schließlich zur Seite und forderte nachdrücklich eine Erklärung. Daraufhin sagte Captain Stewart, ohne in die Einzelheiten zu gehen, er sei Opfer eines Streiches geworden, und mit einem Fremden so etwas zu machen, halte er doch für ziemlich unverantwortlich!

Der Gastgeber hielt einen solchen Streich bei einer Gruppe gedankenloser junger Männer durchaus für möglich und bat sie, sich zu entschuldigen. Aber einer nach dem anderen wies den Vorwurf entschieden zurück. Plötzlich schien dem Hausherrn etwas in den Sinn gekommen zu sein, denn er schlug sich mit der Hand gegen die Stirn, stieß einen Seufzer aus und läutete nach dem Butler.

„Hamilton“, fragte er ihn, „wo hat Captain Stewart vergangene Nacht geschlafen?“

„Nun, Sir“, antwortete der Mann in entschuldigendem Ton, „Sie wissen, alles war belegt, die Herren lagen zu dritt oder viert in einem Zimmer. Deshalb gab ich ihm das ‚Zimmer des Jungen‘; aber ich habe ein Feuer angemacht, um ihn davon abzuhalten herauszukommen.“

„Das war ein großer Fehler“, sagte der Hausherr, „Sie wissen, ich habe Ihnen strikt verboten, dort jemanden einzuquartieren. Darum wurden die Möbel herausgeschafft, um sicherzustellen, dass das Zimmer nicht belegt wird.“

Danach zog er sich mit Captain Stewart zurück und informierte ihn in einem sehr ernsten Ton über die Natur des Phänomens, das er gesehen hatte. Schließlich musste er, nachdem er um weitere Informationen gebe-

ten worden war, eingestehen, dass es in seiner Familie eine Überlieferung gebe, nach der derjenige, dem der „leuchtende Junge“ erscheint, auf den Gipfel der Macht gelangen und nach dem Erreichen der Machtfülle eines gewaltsamen Todes sterben werde. „Und ich muß sagen“, ergänzte er, „die Dokumente, die über die Erscheinung des Jungen aufbewahrt werden, sprechen für diese Ansicht.“

Ingrams eigene Anmerkung lautete: „Es ist kaum notwendig, den Leser daran zu erinnern, dass Lord Castlereagh in der Folge Regierungschef wurde und schließlich durch eigene Hand starb.“

Viscount Castlereagh war während der Napoleonischen Kriege britischer Kriegs- und Außenminister und wegen der schlechten Lage in der Heimat äußerst unbeliebt. 1821 wurde er Marquis von Londonderry. Im Jahr darauf verübte er im Alter von 53 Jahren Selbstmord.

John H. Ingram, der ein beachteter Autor gegen Ende des vorigen Jahrhunderts war und dem ich diese Geschichte verdanke, schreibt im Vorwort seines bereits erwähnten Buches: „Einzelheiten über die Art eines Spuks sind im Allgemeinen nur schwer zu erhalten; nahezu jede verwitterte Burg, jeder alte Saal hat den Ruf, derart heimgesucht zu sein, aber in der überwiegenden Mehrheit der Fälle sind keine Beweise zu finden. Literarische Führer, topographische Werke, sogar redselige Hausmeister – falls es sie gibt – wissen keine Einzelheiten; wäre dies anders, müsste statt eines mäßig umfangreichen Bandes eine vielbändige Enzyklopädie erscheinen.“

Dämonische Heimsuchungen

Die Phantomstadt

An den Klippen des Westens hörte ich die Geschichte,
Dass oft, durch die Brandung hindurch, die sich teilt,
Eine Stadt man auf des Meeres weiter Brust sichte,
Die majestätisch aufgetürmt über die Wellen eilt.
Kurz nur zeigt sich die helle Erscheinung,
Dann verbirgt sie das sich schließende Wasser dem Blick.
Den Augen, sie sehend, ist sie Verkündung,
Heißt es, von tödlichem Geschick.

Ich sagte, da ich die wundersame Erzählung vernommen:
Mein Land, ist dies nicht deine Mär?
Heißen nicht auch wir durch des Zwietrachts Brandung
 willkommen
Die Aussicht auf Friede und Ehr'?
Verschluckt sie das Wasser des Hasses nicht bald schon,
Und unser Sinn vermag sie nicht mehr zu finden?
Weh unseren Herzen ob ihrer eitlen Vision!
Folgen auf sie doch Tod und Verschwinden.

Gerald Griffin

Der zaubernde Graf

Es herrscht eine fremdartige, beinahe transsilvanische Atmosphäre in den Legenden, die mit einem der am meisten heimgesuchten Schlösser Irlands verknüpft sind: jenem untersetzten, massiven Bau von Kilkea, dessen kastellartige Türme sich über die grünen Ebenen der Grafschaft Kildare in der Nähe der Stadt Castledermot erheben. Das Schloss, das heute ein Luxushotel ist, weckt Erinnerungen an „alte, vergessene, weit zurückliegende Ereignisse und Schlachten". Seit Jahrhunderten flüstert man sich Geschichten zu von merkwürdigen Erscheinungen im Schloss und in der Nachbarschaft, vom unheimlichen Geräusch klirrender Schwerter auf hohen Zinnen und von Geisterkriegern, die auf dem geschichtsträchtigen Grund alte Kämpfe ausfechten.

Der Legende nach ist Kilkea mit einer einige Meilen entfernten Ringburg, dem angsteinflößenden Rath von Mullaghmast, verbunden. Kilkeas Vergangenheit wird indessen vom Schatten des „zaubernden" Grafen beherrscht. Diesen Titel erwarb sich Garrett Og Fitzgerald, dem man nachsagte, er praktiziere schwarze Magie. Im Schloss soll es einen Raum geben, den er zu diesem Zweck benutzte.

Die Fitzgeralds, die Grafen von Kildare, werden erstmals 1244 mit Kilkea in Verbindung gebracht, ungefähr siebzig Jahre nachdem die Burg entweder von Hugh de Lacy oder vom normannischen Eroberer Sir Walter Riddlesford erbaut wurde. Nur wenige Familien sind enger mit der irischen Geschichte verbunden als die Fitzgeralds, und Kilkea gab im Laufe der Jahrhunderte den furchterregenden Hintergrund für viele ihrer Taten ab.

Auch Silken Thomas, der in seiner Funktion als Lordabgeordneter von Irland aus Ungehorsam gegen die Krone in der Dubliner St. Mary's Abbey sein Schwert niederwarf, nachdem man ihm vorgetäuscht hatte, sein Vater sei im Tower von London exekutiert worden, steht in engem Zusammenhang mit der Vergangenheit des Schlosses. Er selbst sollte später in Tyburn sterben.

Die Festung hat außerdem eine Verbindung zu Kardinal Rinuccini, zu Thomas Reynolds, dem Spitzel des Aufstandes von 1798, und dem ritterlichen Lord Edward Fitzgerald. Sie wurde 1849 restauriert; dabei sind große Teile des alten Gebäudes erhalten geblieben.

Mit seinen verwitterten Mauern ist Kilkea gewiss ein Ort, an dem die stürmische Vergangenheit noch immer spürbar ist und wo es leichtfällt, an Geister zu glauben.

Obwohl sich viele Geschichten um Kilkea ranken, ist die beständigste Legende doch jene, die um den zaubernden Grafen gesponnen wurde. Es heißt, er schlafe, unter einem Bann stehend, im Rath von Mullaghmast, von wo er manchmal um Mitternacht ausreite und auf einem weißen, mit silbernen Hufeisen beschlagenen Pferd durch die vom Wind durchtosten Ebenen von Curragh galoppiere.

Die Rundburg in der Nähe von Ballitore war Schauplatz des Massakers an den Oberhäuptern von Laois und Offaly, das 1577 von den Engländern verübt wurde.

Die schwarze Katze von Killakee

Über Jahrhunderte hinweg war eines der aufsehenerregendsten und bleibenden Wahrzeichen der südlichen Grafschaft Dublin die finstere Ruine des berühmten „Hell Fire Club“, die grimmig über den Hängen des Montpelier in den Dubliner Bergen hockt.

Der Hell Fire Club hat eine dunkle Geschichte, die von der Sage vielleicht schwärzer gemalt wird, als sie es verdient. In jedem Fall war das alte Gebäude einer Dubliner Überlieferung zufolge ein Treffpunkt der Mitglieder eines exklusiven Klubs, der 1735 von den „Dandies“ und „Jungspunden“ der Stadt gegründet wurde, um dort ohne Ende Glücksspiele, Krakeelereien und Saufgelage zu veranstalten.

Mysteriöse Geschichten sind von den nächtlichen Aktivitäten überliefert, die von Orgien und befremdlichen Riten, vom Erscheinen des Teufels und von wild durch die Nacht schaukelnden Phantomkutschen handeln. Eine dieser Geschichten berichtet sogar vom Mord an einem Diener, der von Mitgliedern des Klubs verbrannt wurde, eine andere von einem Dämon, der in Gestalt einer Katze auftritt. Eine geisterhafte schwarze Katze ist es auch, die eine wichtige Rolle in den schaurigen Geschichten der Gegend spielt.

Für gewöhnlich trafen sich die Mitglieder des Hell Fire Clubs in der Eagle Taverne in Cork Hill. Ebenso wahrscheinlich ist es, dass Ausflüge zu dem einsamen Gebäude auf Mount Pellier veranstaltet wurden.

Das auf der Bergspitze gelegene Haus wurde von William Connolly, dem Sprecher des irischen Unterhauses, als Jagdhütte erbaut. An den Hängen unterhalb der Jagdhütte sind zahlreiche Geschichten von einer geisterhaften schwarzen Katze im Umlauf. Diese furchterregende Kreatur wurde auf einsamen Wegen, auf dem benachbarten Landgut von Lord Massey und in anderen alten Gebäuden des Bezirkes angetroffen. Hier, auf dem Gebiet von Killakee, befand sich auch das alte Herrenhaus Masseys. Zwar ist es inzwischen verfallen, aber die Geschichte von der Phantomkatze lebt in seiner unmittelbaren Umgebung fort, vielleicht auf Grund des Umstandes, dass die Steinreliefs des Hauses eine Katze zeigen.

Ein Teil des Hauses wurde in den vergangenen Jahren zu einem Kunstzentrum umgebaut. Trotz dieser modernen Nutzung haben die Geschichten über merkwürdige Vorkommnisse weiterhin Bestand.

Am 29. April 1970 berichteten Dubliner Zeitungen, dass die Besitzerin des Killakee Kunst-Zentrums, Mrs. Margaret O'Brien, die dort gerade während der Abwesenheit ihres Mannes zwei Nächte allein verbracht hatte, jede Nacht durch Geräusche aufgeschreckt worden war und beträchtliche Schäden in den mit Vorhängeschlössern abgesperrten Räumen festgestellt hatte, obwohl diese keinerlei Spuren eines Einbruchs aufwiesen.

Möbel waren zerstört, Geschirr zerschlagen, andere Gegenstände beschädigt. Mrs. O'Brien erzählte einem Reporter der Evening Press zufolge, der sie interviewte, sichtlich erschüttert: „Ich habe eine schreckliche Nacht durchgemacht. Es hat eine Menge Schäden gegeben. Ich gehe zurück ins Bett, da ich kaum geschlafen habe. Ich möchte nicht einmal darüber sprechen. Wenn ich jetzt wegfahre, werde ich nie zurückkommen. Also werde ich es aushalten.“

Sie sagte, dass sie mitten in der Nacht von einem „krachenden Geräusch und jaulenden Hunden“ aufgeweckt worden sei. Daraufhin fand sie das Café und die steinerne Eingangshalle zerstört vor. Die Flure waren übersät mit zerbrochenem Geschirr, Stühle waren zerschlagen, ein elektrisches Licht beschädigt, während Gemälde über den ganzen Raum verstreut lagen. Es sah aus, als ob jemand in den Räumen Amok gelaufen sei. In der Bar waren die Flaschen mit Alkohol zerbrochen – die einzige unbeschädigte Flasche enthielt Weihwasser. Das Jaulen der Hunde, das Mrs. O'Brien aufgeweckt hatte, klang „als ob sie vor Schreck aus ihrer Haut gefahren seien“.

Ein andere Merkwürdigkeit war, dass die beiden Katzen, die sie gefüttert und am Vorabend in die Küche gebracht hatte, auf rätselhafte Weise in einem Turm auftauchten, der neben dem zweihundert Jahre alten Haus steht. Die Türen des Turms waren verschlossen. „Wie die Katzen aus dem Haus gelangt sind, ist mir ein Rätsel, und ein noch größeres Rätsel ist mir, wie sie im Turm eingesperrt werden konnten“, sagte Mrs. O'Brien.

Die O'Briens hatten dem Zeitungsbericht zufolge vom ersten Tag ihres Einzugs an unheimliche Erlebnisse. Als sie 1968 das fünfzehn Zimmer umfassende Haus bezogen und Änderungen vornahmen, weigerten sich Arbeiter wegen „geisterhafter“ Geschehnisse zu bleiben. Als sich drei Freunde der Familie einquartierten, sahen sie in der steinernen Halle einen drei Fuß großen, verkrüppelten Mann, der sich angeblich in eine Katze verwandelte. Dieser Vorfall veranlasste die Familie zu einer Geisteraustreibung, die den Frieden wieder herstellte. Er blieb erhalten, bis 1970 eine Gruppe von Freunden in dem Haus eine spiritistische Sitzung abhielt. Daraufhin blitzten ständig Lichter auf, Klingeln läuteten, und auch andere nervenaufreibende Geräusche setzten ein.

Mrs. O'Brien selbst behauptete, sie habe zwei Nonnen und einen gutaussehenden Indianer durch das Gebäude gehen sehen. Sie wandten sich ihr leicht zu, sagte sie, und „lösten sich dann in Luft auf“.

Am Tag nach der Veröffentlichung dieses Berichts vermutete die „Evening Press“ in einem weiteren Artikel, dass die Störungen in Killakee durch den Besuch eines Teams von Radio Telefís Éireann hervorgerufen worden seien, das in Begleitung von Sheila St. Claire, einem Medium, ein Feature für das Programm „Newsbeat“ drehte.

Die nächtlichen Erscheinungen begannen tatsächlich nach den Filmaufnahmen, bei denen das Medium mit den Geistern des Hauses „kommunizierte“. Während der Sitzung hatte Sheila St. Claire wie automatisch ein Protokoll formuliert und, halb in Trance, Botschaften übermittelt, die von den Erscheinungen handelten, die dort über die Jahre hinweg gesehen worden waren, wie jene von den Nonnen, die Weihwasser gegen den Turm sprengten.

Der aus Österreich stammende Pater Settelle, der in Deutschland Erfahrungen mit solchen Geschehnissen gesammelt hatte und gerade in Irland weilte, erzählte Mrs. O'Brien, dass er glaube, Sheila St. Claire sei mit dem „Poltergeist“ des Hauses in Kontakt gewesen. Das habe die Geister aufgebracht und sei der Grund für die Geräusche und den beträchtlichen Schaden. Er mahnte sie, Fremden den Aufenthalt im Haus zu verbieten und sich die Lage erst einmal beruhigen zu lassen.

„Wenn das Geistwesen auf derselben Wellenlänge ist wie das Medium, können sie nämlich so etwas bewirken“, sagte Mrs. O’Brien einem Reporter. „Pater Settelle erzählte mir, dass die Vorfälle aufhören würden, sobald das Medium weggeht.“

Ein Messingbildnis des Teufels, das an dem Gemälde einer riesigen Katze in der steinernen Halle befestigt war, wurde übrigens in einem anderen Raum in einem Taufbecken mit Weihwasser gefunden. Mrs. O’Brien wurde daraufhin von Sheila St. Claire aufgefordert, eine Katzenfigur aus Messing von der Tür zur Galerie abzunehmen. Sie stammte von einem Grabstein, welcher zu der Ruhestätte eines verkrüppelten Jungen gehörte, der hundertfünfzig Jahre zuvor in dem Haus gelebt hatte. Gelegentlich wurde die Erscheinung eines Jungen in dem alten Haus gesehen ...

Montpelier und Killakee sind einsame Plätze, besonders bei Nacht – Örtlichkeiten, die nur allzu leicht das Rumpeln von Lord Santrys Kutsche auf dem Weg zum Hell Fire Club heraufbeschwören. Oder das Funkeln zweier Augen eines geisterhaften, katzenartigen Wesens in der Dunkelheit.

Der Poltergeist von Coonian

Poltergeister, diese merkwürdigen körperlosen Geister, die niemals eine greifbare Gestalt annehmen, sondern ihre Gegenwart durch Störungen wie das Zuknallen von Türen, das Läuten von Schellen sowie das Bewegen und Werfen kleiner Gegenstände spüren lassen, nehmen manchmal ein Haus in Besitz, manchmal schließen sie sich einer einzelnen Familie an. Oft tun sie das aus keinem ersichtlichen Grund. Einige von ihnen sind gefährlich, doch viele einfach nur schadenfroh.

In seinem „Ghost Book“ hielt Shane Leslie, der sich sein Leben lang mit dem Paranormalen beschäftigte, die Geschichte von einem bemerkenswerten Poltergeist fest, der ein Haus in Coonian nahe Brookborough in der Grafschaft Fermanagh heimsuchte.

Das Haus, in dem einst ein Rentner ermordet worden sein soll, wechselte mehrmals und dies auffällig schnell den Besitzer. Eine Familie verbrachte sogar nur eine Nacht unter seinem Dach und verkaufte das Haus sofort wieder. Die Schwierigkeiten begannen erst richtig, als deren Nachfolger, die Familie Murphy, eingezogen waren.

Der Poltergeist von Coonian verfügte offensichtlich über ein großes Repertoire von Erscheinungsformen: Er schnarchte und gab Geräusche von sich, die tief aus dem Untergrund zu kommen schienen. Unter der Bettdecke nahm er menschliche Gestalt an, und den Mitgliedern der unglücklichen Familie Murphy zog er die Bettwäsche weg. Auch ahmte er das Austreten eines Pferdes nach und zischte und flüsterte. Er konnte sogar Melodien aus sich herauspressen, wobei zwei seiner Lieblingsnummern „Boyne Water“ und „The Soldier's Song“ waren.

Der Poltergeist war aber nicht nur in der Lage, auf unterschiedlichste Weise in Erscheinung zu treten. Offensichtlich war er auch mit Intelligenz ausgestattet, denn er konnte auf Fragen, die man ihm stellte, mittels Klopfzeichen – und zwar korrekt – antworten. Die Murphys vermochten die mysteriösen Geschehnisse in ihrem Haus schließlich nicht mehr zu ertragen. Sie emigrierten in die Vereinigten Staaten und wurden nicht mehr gestört.

Der Exorzismus von Burren

Die merkwürdigen Geschichten, die sich über lange Jahre hinweg um ein einsames Bauernhaus an der Grenze zwischen Cavan und Leitrim in der Gemeinde Burren, Grafschaft Derrygarry, rankten, hatten ihren Ursprung in der Mitte des 19. Jahrhunderts und handelten von einer Liebesaffäre, einem Fluch, einem Poltergeist und schließlich einem Exorzismus.

Das Haus war das Heim eines wohlhabenden Bauern namens Owen McLavey, seiner Frau und seiner jungen Familie. Das Leben in der komfortablen, eingeschossigen Wohnung verlief ganz alltäglich und normal, bis sich McLavey mit einem Mädchen aus der Gegend einließ. Die junge Frau wurde schwanger, machte McLavey dafür verantwortlich und verlangte, dass er sie entweder heiraten oder nach Amerika begleiten sollte. Als er sich weigerte, verfluchte sie ihn und rief den Teufel an, er möge die Schande rächen, die McLavey ihr zugefügt habe.

Kurz danach wanderte die Frau nach Amerika aus, und der Bauer war zweifelsohne glücklich, sie fortgehen zu sehen. Er wird noch mehr erleichtert gewesen sein, als sich im Bezirk die Nachricht verbreitete, dass sie im Meer ertrunken sei.

Dieses Gefühl der Befreiung währte jedoch nur kurze Zeit, denn bald darauf fand eine Reihe merkwürdiger Ereignisse in seinem Haus statt, die nicht nur ihn selbst, sondern auch Familienangehörige betrafen.

Was geschah, schien das Werk eines besonders heimtückischen Poltergeistes zu sein. Wenn die Familie in der Nacht zu Bett ging, wurde regelmäßig das Bett-

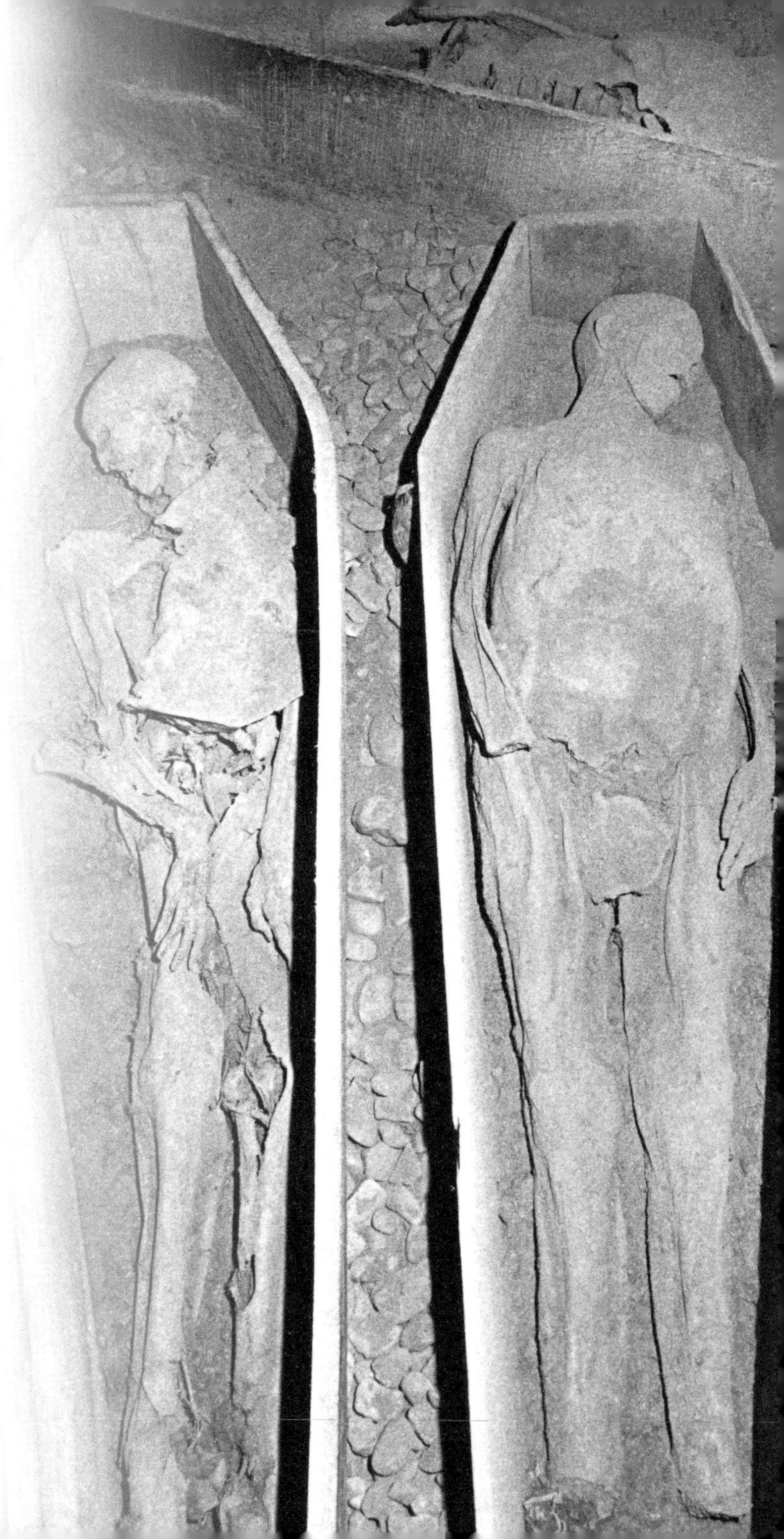

zeug von einer unsichtbaren Hand aus den Betten gezerrt und zu Fetzen gerissen. Türen wurden zugeschlagen und öffneten sich auf ebenso unerklärliche Weise. In der Küche kochten Töpfe über und verbrühten jeden, der in der Nähe war. Der Höhepunkt aber waren die Gegenstände, die durch die Luft geschleudert wurden und bisweilen Mitglieder der Familie trafen, wie auch die merkwürdigen und unerklärlichen Geräusche, die man in der Nacht hörte. Nach sechs Monaten der ständigen Verfolgung zog die Familie schließlich den örtlichen Priester zu Rat.

In einem Artikel über die eigenartige Geschichte, der im Februar 1973 in der „Evening Press“ veröffentlicht wurde, erinnert sich eine Ortsansässige, deren Großvater den Priester zum Haus der McLaveys gebracht hatte, daran, was ihr von der Ankunft bei dem verfluchten Haus erzählt wurde.

Der Vikar wollte erst in das Haus eintreten, wenn auch der Gemeindepfarrer anwesend war. Er wartete deshalb draußen.

„Als der Gemeindepfarrer eintraf“, berichtete sie, „befahl er meinem Großvater und Pater McGovern, dem Vikar, außerhalb des Hauses zu warten. Er legte sich eine Stola an und öffnete sein Gebetbuch. Dann begann er, die Gebete zu sprechen, und ging dabei durch das ganze Haus, wobei er in jedem Raum betete. Dies tat er mehr als eine Stunde lang“, sagte die Frau.

Nach Ablauf dieser Zeit spürte Pater McGovern, der noch an der Tür stand, eine unbestimmte Kraft, die ihn aus dem Eingang schob.

Der Gemeindepfarrer war bleich und zitterte, als er aus dem Haus kam. Er rief nach Owen McLavey, der sich in der Nähe befand. Ihm erzählte er, dass er zwar den Geist aus dem Haus gebannt habe, dass dieser aber noch in der Umgebung des Hofes anwesend sei. Der Priester mahnte McLavey, er solle niemals an irgendeiner Seite des Hauses einen Anbau vornehmen. Sonst werde der Geist zurückkommen.

Owen McLavey lebte bis zu seinem Lebensende in dem Bauernhaus. Die gruseligen Vorfälle wiederholten sich niemals mehr, weil er den Warnungen des Priesters hinsichtlich des Ausbaus strikt Folge leistete.

Noch viele Jahre lang hatte das kleine Haus in Burren jedoch in der Nachbarschaft seinen schaurigen Ruf. Die Leute aus dem Ort vermieden es, wenn irgend möglich, daran vorbeizugehen, besonders nach Einbruch der Nacht. Schließlich war es unbewohnt und blieb es auf viele Jahre.

Der Fremde in Castletown

Der Geist eines Mannes, der – bekleidet mit einem langen, grauen Mantel – eine Treppe hinabgeht, die erst zehn Jahre später gebaut wurde, und ein rätselhafter Gast, der eine bittere und bleibende Erinnerung an seinen Besuch hinterließ – dies sind zwei der unheimlichen Legenden des Hauses, das unter dem Namen „Castletown" bekannt ist und in Celbridge, Grafschaft Kildare, liegt.

Es ist sicher angebracht, dass Irlands bekanntestes und dazu äußerst prachtvolle herrschaftliche Anwesen den einen oder anderen Geist besitzt. Es wurde von William Connolly erbaut, dem Sprecher des irischen Unterhauses, den man „Speaker Connolly" nannte. Connolly verwandte viel Zeit darauf, Wohnsitze für sich zu errichten, doch Castletown war wohl seine schönste Leistung.

Der seltsame Besucher kam 1767 nach Castletown. Der damalige Besitzer des Herrenhauses, Thomas Connolly, ein Großneffe des Parlamentssprechers, hatte den Tag mit Leuten aus dem Ort auf der Jagd verbracht. Als er in der Dämmerung alleine zurückkehrte, schloss sich ihm ein Reiter an, von dem er annahm, dass er an der Jagd teilgenommen hatte, obwohl er sich nicht an ihn erinnern konnte.

Connolly, stets ein zuvorkommender und freundlicher Gastgeber, lud den Fremden nach Castletown ein, wo Freunde versammelt sein würden, um den sportlichen Tag abzurunden. Der Fremde nahm die Einladung an, und die beiden Männer ritten weiter zum Herrenhaus.

Später am Abend, nachdem er die großzügige Gastfreundschaft Connollys genossen hatte, schlief der Fremde in seinem Stuhl ein. Um es seinem Gast bequemer zu machen, wies Connolly einen Diener an, ihm seine schweren Reitstiefel auszuziehen. Als dieser daraufhin die Stiefel des Fremden abstreifte, bekamen der Gastgeber und seine Gäste zu ihrem Entsetzen einen gespaltenen Fuß zu sehen.

In diesem Moment erwachte der Fremde. Er sprang auf die Füße, sah die Besucher herausfordernd an und verspottete sie mit Schreien und diabolischem Gelächter. Als ein anwesender Priester sein Messbuch gegen ihn warf, ging das Buch durch ihn hindurch und klatschte gegen den großen Spiegel über dem Kamin, der in hundert Teile zerbrach. Immer noch schreiend, war der Fremde plötzlich von einer lodernden, tiefgelben Flamme umgeben. Als sie verschwand, war auch der Fremde nicht mehr da. Nachdem sie sich wieder beruhigt hatten, entdeckten Connolly und seine Gäste, dass die Kaminplatte dort, wo der Besucher gestanden hatte, einen tiefen Riss aufwies. Dieser Riss besteht bis heute.

Eine zweite Begebenheit, in derem Mittelpunkt der Mann im langen, grauen Mantel steht, hatte in der Witwe des Speakers Connolly, die ihren Mann um viele Jahre überlebte, ihren ersten Zeugen. Das erste Mal erblickte sie die Erscheinung auf der obersten Galerie. Sie hörte spöttisches Gelächter und sah, wie sich die Gestalt die große Treppe hinabbewegte, obwohl diese zum damaligen Zeitpunkt überhaupt noch nicht existierte. Als sie dann zehn Jahre später gebaut wurde, entsprach ihr Verlauf genau den Bewegungen des Geistes, den sie gesehen hatte.

Ist es ein bloßer Zufall, dass diese Legende von einer dämonischen Erscheinung mit einem Haus verbunden ist, dessen Erbauer zugleich der Besitzer des Hell Fire Club in Montpelier in den Dubliner Bergen war – eines Gebäudes, in dem angeblich der Teufel bewirtet wird.

Speaker Connollys stolzes Schloss in der Grafschaft Kildare wurde 1965 von Lord Carew wieder verkauft an Honourable Desmond Guinness, der es hervorragend in seiner ursprünglichen Schönheit restaurierte. Es wurde Zentrale der Irish Georgian Society und ein herausragendes Zentrum für kulturelle Aktivitäten.

Die Romanautorin Nancy Mitford, die Tante von Desmond Guinness, war bei dem Verkauf 1965 anwesend und schrieb danach: „Castletown erzielte den Preis einer schönen Wohnung in Paris – mitsamt seiner ungefähr 500 Morgen Land und einiger alter Meister, die eine begeisterte Ahnin von Lord Carew an die Wand gehängt hatte!“

Das Haus ist der Öffentlichkeit zugänglich. Die gesprungene Kaminplatte kann man noch immer besichtigen. Und vielleicht wird, wenn sich heute in der Dämmerung das Publikum in der großen Galerie in Castletown versammelt, ein wachsames Ohr durch den Klang einer Sonate hindurch das schwache Echo des spöttischen Gelächters aus der Vergangenheit hören.

„Irland — Die Welt der Geister" ist in der englischen Originalausgabe unter dem Titel „Irish Ghosts" erstmals 1977 im Verlag Appletree Press Belfast erschienen.

Diese Neuausgabe mit den Fotografien von Simon Marsden/The Marsden Archive enthält eine Geistergeschichte, deren Wahrheit die Mitarbeiter von Appletree Press persönlich verbürgen. Die Autorin dieser Geschichte „Der Geist in der Leinenweberei" (Seite 79) ist Catherine McIlvenna, die Lektorin des Verlags:

„Als wir uns zu dieser Neuauflage entschieden, diskutierten einige von uns die Erzählungen über einen Spukfall in einer Leinenweberei in der Nähe unserer Büros in Belfast. Das Gebäude beherbergte früher ein bekanntes Textilunternehmen und ist heute eine Druckerei. Wir ließen dort seit Jahren drucken und erfuhren dabei, dass sich im Gebäude ein Geist befinden soll. Bei den Beobachtern des Geistes in der Leinenweberei handelt es sich um vernünftige Männer und Frauen, die Geistergeschichten für gewöhnlich keinen Glauben schenken würden; ihre eigenen unerklärlichen Begegnungen erzählen sie mit aller Ruhe und Gelassenheit. Die Mitarbeiter der Druckerei schlugen uns vor, dass wir einige Zeit in der früheren Leinenfabrik verbringen und den Spuk miterleben sollten.

Unsere Nachforschungen ergaben, dass 1912 eine junge Frau, Helena Cecilia Blunden, in der Fabrik auf tragische Weise verunglückt und gestorben war. Helena, die älteste Tochter einer Frau aus Tyrone und eines Mannes aus Kilkenny, wurde in Irland geboren, wuchs aber in England auf. 1911 kehrten die Blundens nach Irland zurück und zogen nach Belfast in ein kleines Reihenhaus in der Raphael Street, die sich nur einige hundert Meter von der Leinenweberei entfernt befand.

Um den Geist zu beobachten, setzten wir moderne Technik ein und installierten eine Video-Kamera in einem Raum der Fabrik, der nur gelegentlich genutzt wird. Angestellte der Druckerei und des Verlags Appletree Press verbrachten tagsüber einige Zeit mit der Beobachtung der Kamera, aber niemand übernachtete im Gebäude.

Wir lösten das Problem, indem wir die Aufnahmen der Web-Kamera auf unserer Internetseite zeigten. Die Kamera machte es möglich, vierundzwanzig Stunden am Tag und sieben Tage in der Woche auf Geistersuche zu gehen. Die Ausstrahlung über das Internet begann an Halloween. Die Web-Kamera lief und lief. Tausende von Besuchern setzten sich mit uns in Verbindung und berichteten von Beobachtungen, die uns wirklich zum Staunen brachten. Oft berichteten sie von der Erscheinung einer jungen Frau im Spinnsaal; dabei gaben sie die Zeit und das Datum ihrer Beobachtung an. Sie beschrieben ihre Kleider, ihre Frisur und ihre Schuhe, die eher zu einer edwardianischen Frau passen als zur Kleidung einer Frau vom Ende des zwanzigsten Jahrhunderts. Oft wurde die Erscheinung im Gebäude gesehen, sobald die Belegschaft nach Hause gegangen war. Die Web-Kamera läuft weiterhin, und die Besucher unserer Internet-Seite berichten immer noch von ihren Beobachtungen. Natürlich gibt es viele Besucher, die nichts Ungewöhnliches beobachten können, aber viele Leute sahen auch Dinge, die sich einer natürlichen Erklärung entziehen.

Wenn Sie den Bericht über Helena Blundens Leben und Tod gelesen haben, möchten vielleicht auch Sie sich auf Geistersuche begeben, indem Sie durch unsere Web-Kamera sehen. Machen Sie mit bei der Suche, gehen sie auf www.irelandseye.com/ghost/index.shtm. Und berichten Sie uns, was Sie gesehen haben."

Catherine McIlvenna

Inhalt

Danksagung

Ich möchte mich für die Hilfe und Unterstützung bedanken, die ich bei der Vorbereitung dieses Buches erfahren habe:
Bei den Mitarbeitern der National Library of Ireland, der Central Catholic Library, der Bibliotheken der Stadt Dublin, des St. Patrick's College in Maynooth, Co. Kildare und des Clongowes Wood College in Sallins, Co. Kildare.
Mein Dank gebührt ferner Sean Ward, dem Herausgeber der „Evening Press", Dublin, für die Erlaubnis, Auszüge aus Artikeln zu verwenden; William Connolly, Direktor von Talbot Press, für die Genehmigung zum Abdruck eines Auszugs aus „Heavy Hangs the Golden Grain" von Seamus MacManus; Matt Farrell und Sean McCann von der „Evening Press" für ihre Unterstützung und Ermutigung; John Murphy und William Derra von Appletree Press, Belfast, für die Aufmerksamkeit und Sorgfalt, die sie dem Manuskript schenkten; sowie David Marcus von der „Irish Press", dessen Vorschlag das Buch seine Entstehung verdankt.
Ferner bin ich den vielen Menschen dankbar, die mich mit einigen der Geister bekanntmachten, die auf den Seiten dieses Buches erscheinen.

Aus dem Englischen von Frank Giesenberg

Internet: www.appletree.ie · E-Mail: reception@appletree.ie

Satz: Stückle Druck und Verlag, Ettenheim
Druck und Einband: J. P. Himmer, Augsburg
ISBN 3-89102-458-4

Gruselatmosphäre in Wort und Bild
Schaurig-schöne Bildbände von Simon Marsden

Im Reich der Geister

Eine Reise zu mysteriösen Orten
auf den Britischen Inseln
ISBN 3-89102-258-1

Geistersuche

Auf den Spuren des Unheimlichen von Irland
bis Transsilvanien
ISBN 3-89102-265-4

Spuk und Gespenster

Verwunschene Orte auf den britischen Inseln
ISBN 3-89102-269-7

Bilder aus der Welt des Edgar Allan Poe

Eine persönliche Auswahl aus dem Werk von
Edgar Allan Poe in der Übersetzung von
Arno Schmidt und Hans Wollschläger
ISBN 3-89102-255-7

Geheimnisvolles Irland

Ruinen, Abteien, Schlösser, Herrenhäuser
ISBN 3-89102-262-X

„Der Fotograf Simon Marsden, der sich für Edgar Allan Poe begeistert, hat mit dieser Bilddokumentation eine Aura des Gespenstischen um die ‚britischen Spukhäuser' eindruckvoll in Szene gesetzt."

Frankfurter Allgemeine Zeitung

„Als Meister einer ‚gespenstischen Fotografie' ist Marsden berühmt geworden. ‚Im Reich der Geister' heißt nun auch ein skurriler Sammelband mit rund 100 seiner klassischen Aufnahmen, der Schlösser, Burgen, Ruinen und Schluchten, Seen und sagenhaften Landschaften im britischen Mutterland des Spuks ins Bild rückt."

Der Spiegel

„Fotografierte Geisterwelt: Der Bildband ‚Geheimnisvolles Irland' präsentiert alles, was der Reisende im Land der Mythen und Märchen zu sehen wünscht: Ruinen, Hochmoore, wind- und wettergeschützte Landschaften. An der Spurensuche des Fotografen hat sich der Kunsthändler Duncan McLaren beteiligt: Er beschreibt die Entstehungs- und Verfallsgeschichte der Häuser und den Ursprung der irischen Bevölkerung mit den Denkmälern ihrer Geschichte."

Berliner Zeitung

Führer zu mysteriösen und geheimnisvollen Plätzen

John Brooks
Die Geister Grossbritanniens
Ein Führer zu über tausend Spukorten
ISBN 3-89102-319-7
„John Brooks' handlicher Führer registriert Gespenster für Schreckhafte wie für Abgehärtete, subtile und eher grobe Geister, freilich auch so manchen, der Touristen nicht erscheint …"
Die Neue Furche, Wien

Gerald Hagemann
London von Scotland Yard bis Jack the Ripper
Ein Führer zu 350 Kriminalschauplätzen
ISBN 3-89102-449-5
„… Ob als Reiseführer durch London oder gegen die Langeweile trüber Herbsttage: seine Lektüre ist von sehr makabrer Annehmlichkeit – ein Genuß."
Frankfurter Allgemeine Zeitung

Der schwarze Führer Deutschland
253 geheimnisvolle Stätten in 194 Orten mit 123 Abbildungen und einer Übersichtskarte
ISBN 3-89102-440-1
„Die Reihe der ‚Schwarzen Führer' trägt ihren unheimlichen Namen zu Recht, denn schwarz ist das Cover, rot die Schrift. Sie heißt diesmal ‚Deutschland', denn die mysteriösen und sagenhaften Geschichten, die hier gebündelt eine sinistre Atmosphäre verbreiten, spielen alle in unserem Land."
Rhein-Neckar-Zeitung

In der Reihe
Die Schwarzen Führer
liegen als Einzelbände vor:

Bergisches Land
Berlin-Brandenburg
Franken
Hamburg – Schleswig-Holstein
der Harz
Hessen – Südlicher Teil
Mecklenburg-Vorpommern
München – Oberbayern
Niederbayern – Oberpfalz
Nordwestdeutschland
Saarland – Die Saar
Sachsen
Sachsen-Anhalt
Schwaben-Bodensee
Schwarzwald
Thüringen
Westfalen

Weitere Bände in Vorbereitung

Bitte fordern Sie Informationen an:
Eulen Verlag Harald Gläser,
D-79104 Freiburg i.Br., Hebelstr. 11
E-Mail: info@eulenverlag.de
Internet: www.eulenverlag.de